韓流ブーム

桑畑優香
八田靖史
まつもとたくお
吉野太一郎

ハヤカワ新書 029

まえがき

二〇二三年一二月三一日、日本の大晦日の風物詩でもある「第74回ＮＨＫ紅白歌合戦」は、Ｋ－ＰＯＰアーティストが多数出演したことが話題となりました。韓国からNewJeans、LE SSERAFIM、SEVENTEEN、Stray Kidsの四組に、TWICEから派生した日本人ユニットMISAMO、日本で結成され活動するNiziUやJO1も含めると計七組が出演。創業者の性加害問題に揺れて紅白を去った旧ジャニーズ事務所（現STARTO ENTERTAINMENT）所属のグループと入れ替わる形で、芸能界の新旧の主役交代を印象づけました。これらのグループは民放各局の年末の音楽番組にも引っ張りだこで、世界的な人気を誇ったBTSのメンバーが兵役に入り、七人での活動を休止していても、日本でＫ－ＰＯＰは人気の音楽ジャンルとしてすっかり定着した感があります。

音楽だけではありません。コロナ禍の期間に『愛の不時着』や『梨泰院クラス』が大人気となった韓国ドラマは、その後も『イカゲーム』や『ウ・ヨンウ弁護士は天才肌』など世界的なヒット作が続き、ネットフリックスなど動画配信サービスの定番コンテンツです。東京

・新大久保の街を歩けば、チーズタッカルビやチーズハットグといった韓国グルメや、韓国から直輸入のコスメを売る店が立ち並び、一〇代、二〇代の若い世代であふれています。さらにキャリア形成と結婚、子育ての両立に悩む女性の姿を描いたチョ・ナムジュの小説『82年生まれ、キム・ジヨン』が大きな反響を呼んで以来、日本の有名人の多くがK-POP好きだけでなく、韓国文学好きを公言するようになりました。

日本でこんなに韓国のモノやコンテンツがあふれる時代が来ることを、四半世紀前に予想していた人がいたでしょうか。私は大学生だった一九九五年、主に歴史的な興味から韓国に留学しましたが、日本で韓国料理と言えば焼肉以外の選択肢がほとんどなかった時代、韓国に留学したというだけで何人もの知人から「なぜ?」と絶句されたのを覚えています。韓国の大衆文化に魅せられて日本から留学する人はほぼ皆無でしたし、そもそもK-POPという言葉すらありませんでした。

時代が変わり始めたのは二〇〇三年、韓国ドラマ『冬のソナタ』が日本で大人気となり、主演俳優のペ・ヨンジュンが「ヨン様」と呼ばれるなど一大ムーブメントを巻き起こしてからでしょう。それに先だって韓国の女性歌手 BoA が日本デビューを果たし、二〇〇〇年代半ばから東方神起やKARA、少女時代といったグループが人気を集めたことで、日本でK－POPというジャンルが広く認知されるきっかけとなりました。やがて音楽では二〇一八年にBTSがアメリカのアルバムチャートで一位を記録し、映画も二〇二〇年にポン・ジュノ監督の『パラサイト　半地下の家族』がアメリカのアカデミー賞を受賞するなど、韓流コンテンツは一気に世界を席巻するまでになりました。今やK－POPデビューを目指して多くの一〇代の若者が韓国に渡り、日本のテレビ業界は「どうして日本のドラマは韓国ドラマに引き離されてしまったのか」と必死で模索している状態です。

この本では、四半世紀にわたってその流れを追い続けてきた韓流ウォッチャーの第一人者と言える三人の方々と、二〇〇三年の『冬のソナタ』の流行を一つの起点（第一次ブーム）ととらえ、日本における韓流ブームを座談会形式で振り返りました。いわば通史としての「韓流二〇年史」です。

桑畑優香さんはライター・翻訳家として四半世紀以上にわたり、K－POPや韓国の文学、映画を追い続け、翻訳やインタビューなどの取材、評論の形で日本に紹介してきた人です。特にBTSの歌詞の世界の分析や、ARMYと呼ばれるファンダムなど社会的な評論に多くの訳書があります。また二〇一五年から三年間、文学、演劇、アートなどの担い手たちが日韓で語り合う「日韓若手文化人対話」の橋渡し役も務め、日韓の文化全般に幅広い知見があります。実は韓国留学中、私と同じ下宿に住んでいた、まさに三〇年来の友人でもあります。

まつもとたくおさんも音楽ライターとして二〇年以上にわたって韓国の音楽シーンを見続け、雑誌や書籍にライブリポートや評論を書き続けてきました。来日したK‐POPアイドルのインタビューやライブリポートだけでなく、ロックやインディーズ、さらにはシティポップなど最新の流行ジャンルまで幅広く追いかけ、韓国の流行の音楽シーンをリアルタイムでほぼ網羅しています。さらには韓国のみならずジャズやR&B、そしてJ‐POPまで、韓国の音楽に大きな影響を与えたジャンルの歴史や音楽の特性に通じており、客観的な視点で韓国音楽を批評できる稀有な人です。

八田靖史さんは日本で初めて「コリアン・フード・コラムニスト」の肩書を名乗り、そして現在も唯一無二の存在です。二〇年以上にわたり、韓国の美味しいものを食べ歩き、焼肉だけでないバラエティー豊かな韓国料理と食材を日本に紹介し続けてきました。ソウルから地方、果ては北朝鮮と、朝鮮半島を隅々まで訪ね歩いてその食文化の源流をたどり、食の歴史や多様なバリエーションを熟知しています。次から次へと新しいメニューが生まれ、消えていく韓国の外食産業をウォッチし、メディアでその魅力を伝える姿もおなじみです。キムチチゲやキンパ、スンドゥブといった、二十数年前は耳慣れなかった数々の単語から、今の私たちが味や匂いを思い起こせるのも、八田さんの功績なしには語れません。

映画、ドラマ、音楽、食。それぞれの担当分野は一見バラバラにみえますが、映画、ドラマに食べ物の描写や音楽は欠かせず、食のブームもドラマや音楽の流行に大きく影響を受けてきました。日本における「韓流」の二〇年は、多彩なジャンルが密接な関わりを持って広がってきたことが、座談会を通じて浮かび上がってきます。年配の女性が中心だった第一次ブームから、第三次以降は一〇代、二〇代に広がるなど、担い手の年齢層も多様化しました。

本書には多くの人の記憶に残った作品や歌手、食べ物の名前が多数登場します。夢中になった当時を思い出す方も、まったく知らない過去の歴史として接する世代もいるでしょう。その変遷をたどることで、今後の展開を予想する補助線になるかもしれません。より大きな枠組みで「文化が果たす日韓関係」を考える一助にもなりそうです。

まずは、肩の力を抜いて気楽に読みながら、韓流の「沼」に足を踏み入れてください。

吉野太一郎

目次

※本文中の敬称略。映画やドラマなど（　）内の公開年はすべて韓国公開時のもの

第一章

第一次ブーム（二〇〇三〜〇八年頃）

――インフルエンサー現る

韓流ブーム前夜

桑畑優香（以下、桑畑） 今日は韓国を取り上げたいろんな時代の雑誌を持ってきました。一九八〇年代半ば、ソウル五輪前の日本における韓国のイメージはこんな感じです。一九八五年の『平凡パンチ』。

八田靖史（以下、八田） はだけた韓服(ハンボク)の女性が表紙っていう、男性目線だったんですね。

桑畑 何かちょっと、キーセン（芸妓）観光的な雰囲気が漂っているというか。

まつもとたくお（以下、まつもと） 九〇年代後半まではキーセンツアー的なものは普通にあったんですすね。

桑畑 梨泰院のハミルトンホテルとかにいました。二〇〇〇年の雑誌『Title』は、映画『シュリ』（二〇〇〇年）が大ヒットした直後で、サッカーの日韓ワールドカップの前ですね。音楽もドラマも紹介されていないけど、映画が入っている。あとは「男のショッキング買い物ツアー」とかですね。「ソウル街角美女ファイル」なんて、今この本を出したら、炎上しそう。

まつもと　一九八八年のソウル五輪ぐらいから、雑誌では特集でときどき韓国がクローズアップされていましたね。

八田　アングラな視点ですね。未知のアジアを覗きに行くような感覚で。

桑畑　犬肉を食べるとか、整形するとか。

まつもと　少し上から目線なんですよね。まだこの時は全然ブームじゃない。

桑畑　二〇〇四年刊『別冊宝島』の『あの人の国、「韓国」を知りたい。』は、まつもとさんと八田さんがライターで参加しています。

まつもと　これ、別のライターが担当したものですが、風俗情報が入っているんです。

八田　「韓国風俗事情　情熱の国のアガシ*を探求する」という記事があったんですが、文庫化の際には抜かれていました。

まつもと　「これはちょっと違う」と投書が来たとか。当時、中高年女性のファン層が増えていたというのさえもわかっていない、手探り状態で出した本です。

八田　打ち合わせをしたのが二〇〇三年の秋頃で、リアルな韓国情報を伝えるとなれば、そ

＊未婚の若い女性の意

ういったアングラな情報も必要だろうとの感覚でした。僕もライターとして駆け出しの頃ですが、わざわざ「ゲテモノ」という切り口で記事を書いたりしています。ポンデギ（カイコのさなぎ煮）とか、ホンオフェ（ガンギエイの刺身）とか、ポシンタン（犬肉の鍋）とか。今ならそれらの話を書いても「ゲテモノ」とは表現しないですね。

桑畑　みなさんが「第一次韓流ブーム」の芽を感じた時を聞いてみたいな。

――（吉野、以下同）二〇〇三年に映画『猟奇的な彼女』（二〇〇一年）が日本でヒットしましたよね。チョン・ジヒョン演じる「彼女」と気弱な大学生のラブストーリーで、「彼女」に縁談が持ち上がったところで二人は別れるんですけど、その後のオチまですごくいい。それまで香港映画が元気な時代だったので、「韓流」というより、アジア映画の一つみたいに観ていた気がします。

桑畑　今観ても面白いです。「アジアの映画」みたいな感じで入った人も結構多いんですよね。音楽ももしかしたらアジアンポップのような、ある意味マニアックな流れみたいなものがあったんですか？

まつもと　そうですね。一九九〇年代にワールドミュージックブームの影響で、「アジアにもポップスがあるぞ」ということになり、香港とか台湾の中華圏ポップスに注目が集まった。韓国のポップスはまだマニアックな存在だったけれども、そういうのが好きな人が徐々に増えてきた。そのなかの一人が僕で（笑）。『POP ASIA』という雑誌が一九九五年に創刊されて、そこでいろいろアジアの音楽を紹介するようになったんです。

桑畑　香港ブームが火付け役ですかね。

まつもと　最初は香港。アンディ・ラウ、ジャッキー・チュン、アーロン・クオック、レオン・ライの「四大天王」の歌とか、台湾もそれなりに注目されて。個人的には一九九〇年代、台湾にすごくハマっていて、スターチャンネルやパーフェクTV！で中華圏の音楽番組を見てたんですけど、韓国のヒット音楽の番組もやっていて、いつの間にか移動した感じです。──フジテレビの深夜番組『アジアNビート』。中国、台湾、香港、韓国、時々タイやフィリピンの、アジアのポップスや文化をごちゃまぜに紹介する番組が一九九四年から始まって、ユースケ・サンタマリアと文恵子さんという韓国語通訳の方が司会をやっていました。そこで（歌手の）ソ・テジやキム・ゴンモが紹介されていたのを見たことがあります。

BoAは「J-POPアーティスト」

まつもと　音楽では、韓国で起きた一〇代のアイドル旋風の流れで一九九八年にデビューした「神話」という六人組のボーイズグループがいて、日本でもそれなりの人気を集めていました。こういう風に特定のアーティストが好きだとかの現象はあったんですけど、俯瞰して

K－POPシーンが好きという愛好の仕方は日本ではほとんどしていなかった。韓国の旬の歌手を紹介する雑誌『K-POPSTAR』が創刊されたのが二〇〇一年ですが、まだまだ一部の愛好家が読む雑誌でした。しかも、二〇〇六年ぐらいで休刊。編集者の人たちは「これからなのに」って言っていましたが、売り上げがいまひとつだったんでしょうね。

韓国の人気歌手BoAが日本でブレイクしたのが二〇〇二年。シングル『LISTEN TO MY HEART』がオリコンで五位となり、同曲を収めたファーストアルバムの出荷枚数が一〇〇万枚を超えるほどの成功を収めている。あれでK－POPの認知度が一気に高まったんですけども、彼女は「J－POPアーティスト」という立ち位置に重きを置いて活動していたので、僕ら韓流系ライターは取材しにくかった。

桑畑　K－POPという枕詞（まくらことば）をつけない立ち位置でしたね。

まつもと　BoAはSMエンタテインメントという韓国の大手事務所がエイベックスと業務提携して売り出したアーティストですが、この事務所は日本のマネジメントの仕組みを一部参考にして、のちの韓流アイドルの育成システムの基礎をつくったんです。実はその前（一九九八年）に、日本在住経験のある子を入れたS.E.S.（エスイーエス）という女性三人組を日本でデビューさせたんですけれども、売れなかった。そのときの反省点を生かして育成したBoAがブレイクしたので、彼女の日本での活動は事務所の後輩たちのお手本になった。二〇〇五年に本格的に日本進出した東方神起*もBoAと同じ戦略で大成功を収めています。

焼肉からサムギョプサルへ

まつもと　そういう意味で言ったら、二〇〇〇年前後は食の流行はまだまだ？

八田　韓国ドラマを媒介として韓国料理も注目されていくので、二〇〇〇年代に入ってからが黎明期ですね。タッカルビ（鶏肉と野菜の鉄板炒め）だけは少し早くて二〇〇〇〜〇一年頃にちょっとしたブームがあったのですが、サムギョプサル（豚バラ肉の焼肉）とかトッポッキ（甘辛の餅炒め）、スンドゥブチゲ（辛口の豆腐鍋）といった料理は韓国ドラマを通じて注目されました。それが第一次の一番大きな出来事です。ただ、それ以前にも焼肉店は身近にあったわけで、そこで食べていたビビンバや冷麵などの韓国料理とまた違ったものが新たに入ってきた、というのが第一次の一番面白い部分だと思います。

まつもと「韓国の食」といえば焼肉という時代が長かったですよね。

——在日コリアンが昔から家業として営んでいたものが脈々とあった一方、それとは明らかに違う味覚のものが韓国から入ってきた。それが注目されたのはやっぱり日韓ワールドカッ

*二〇〇四年、韓国で五人組としてデビュー。「東方の神が起きる」という意味が込められている。

プの少し前でしょうか。

桑畑　その頃の焼肉って、タレに漬けた肉を焼くというのが在日式で、韓国式は焼いたものに味噌を付けて食べる感じですよね。それから、冷麺の麺が、韓国と比べて太いの。プリプリしてる。今みたいな細い本格的な冷麺って、なかなか食べられなかったんですよ。

まつもと　今でこそ韓国の焼肉は野菜を美味しく食べさせるとみんな言うけれども、この頃はそんな認識がなかったですよね。

八田　サムギョプサルの浸透が韓国焼肉のイメージを変えた感じですね。生の豚バラ肉を豪快に焼いて、ハサミでカットして、サンチュやエゴマの葉で包んで、サムジャン（薬味味噌）と一緒にガブッと食べるスタイルは、従来型の焼肉とは違ったインパクトがありました。冷麺も太麺の盛岡冷麺が主流だったのが、今だと韓国冷麺と分けて両方出す店もあったりしますね。

韓国エンタメが注目されたきっかけは

桑畑　エンタメはもともと、『八月のクリスマス』* （一九九八年）とか『猟奇的な彼女』とか、映画の方が先にじわじわ来てたんですよ。それが一九九〇年代後半から二〇〇〇年代前半にかけてです。私はテレビの仕事をしていた頃で、二〇〇三年に『猟奇的な彼女』で主演のチョン・ジヒョンが来日しました。

ハリウッド映画のような技術とスケールで北朝鮮の工作員と韓国の情報部員の悲恋を描いた『シュリ』は、日本で韓国映画として初めて週末興行成績一位を取ったんですよね。それまで韓国映画は「暗くて地味」だと思われていたのが、「すごい」という話になって。私が仕事で韓国に関わったのもその時ですね。それまでは留学でソウルに住んでいた一九九〇年代半ばに、韓国映画が面白いと思って、帰国してからもホン・サンス監督[**]の特集上映などを観ていて。「ニューステ

左からタッカルビ、サムギョプサル、トッポッキ（いずれも八田靖史提供）

＊ホ・ジノ監督。写真館を営む余命わずかな青年と違法駐車取り締まり員の女性との悲恋物語。

＊＊映画監督。一九九六年、『豚が井戸に落ちた日』で長編監督デビュー。二〇一〇年には『ハハハ』が第六三回カンヌ国際映画祭で「ある視点賞」を受賞。二〇二〇年、監督・脚本・編集・音楽を手掛けた『逃げた女』で第七〇回ベルリン国際映画祭で銀熊賞（最優秀監督賞）を受賞、翌年『INTRODUCTION』でも、同賞（最優秀脚本賞）に輝いた。

韓国と北朝鮮の軍事境界線をまたぐ板門店（八田靖史提供）

ーション」のディレクターだった時に韓国映画を特集したいと言っていたんだけど、企画が通らず、『シュリ』が一位になった途端、「何が起きているのか行って調べてこい」という話になって（笑）。その時にかなり大きな特集がテレビや雑誌で組まれました。

まつもと　北朝鮮問題をエンタメにするというので、海外の人が驚いた。

八田　僕が韓国に留学したのは一九九九年なんですが、「この映画を見なさい」って韓国の友達に薦められた記憶があります。北の工作員が南に入ってきて情報部員と対峙する設定は、南北分断の現状があるからこそのもので、リアルだなと思いました。

まつもと　韓国の文化輸出は国策と言われるけど、『シュリ』をきっかけに韓国の映像業界が活性化して、官民そろっての海外進出が始まったって感じですよね。それがK‐POPにも広がってきて、投資したという。よく意地悪で「国のごり押し」みたいに言われますが、ちょっとニュアンスが違う。

桑畑　『シュリ』は国が宣伝したというよりも、あの頃にちょうど国が映画の学校を作り始めたので、そういう意味で国が後押ししているように見られたのかもしれません。国が『シュリ』を宣伝したわけではなく、人材育成や資金的なサポートなど映画産業の後方支援を始めたんですね。

――映画ファンの間では「エスニック映画」という、イランや中国、東欧など、いろんな国の映画を楽しむ見方は昔からあって、当時は韓国映画もその中の一ジャンルという感じでした。

八田　韓流初期は映画にも存在感があって、ドラマ『冬のソナタ』*（二〇〇二年）がドーンと当たったことで今はドラマブームと認識されていますけど、映画の力も大きかったですよ

*女子高生のユジンは、転校生のチュンサンと恋に落ちるが、大晦日の夜にチュンサンは不慮の事故でこの世を去ってしまう。それから一〇年後、チュンサンにそっくりな男性が現れて――。ペ・ヨンジュンとチェ・ジウ主演で、「冬ソナ現象」と呼ばれるほどのブームを巻き起こしたドラマ。

ね。

桑畑　マニアのアジア映画ファン界隈では、歴史的なものを絡めた作品が人気があったけど、現代劇として人気が出たのが『シュリ』とか『JSA』*（二〇〇一年）。ラブコメでヒットしたのが、『猟奇的な彼女』ですかね。

八田　韓国エンタメに注目が集まる素地はあったんでしょうね。

桑畑　日韓共同制作ドラマ『friends』（二〇〇二年、TBS）がきっかけで、深田恭子の恋人役で出演したウォンビンを見て、「キムタクに似ている、彼は誰？」って盛り上がりましたよね。今でも「私の韓国好きの始まりは『friends』」っていう人、結構いるんですよね。

八田　サッカーのワールドカップ日韓共催をきっかけに立ち上がった企画なので、この時期は多方面で交流が深まりましたね。

桑畑　二〇〇二年にCHEMISTRYやBrown Eyesといった日韓のトップシンガーたちがワールドカップの開会式で歌った『Let's Get Together Now』。あれも今思えば画期的でした。演歌ではなくR&Bで、両国の歌手が一緒に歌った。

まつもと　日本のチャートで三位になりました。ただ、あれでK-POPが認知されたというよりは、「韓国にこういう曲を歌える人がいるんだ」という認知度が高まった。当時は日本で知られている韓国の歌といえばチョー・ヨンピルや桂銀淑（ケイウンスク）、キム・ヨンジャといった演歌が中心だったけど、若い人が歌っているんだ、という。

『冬のソナタ』で起きた地殻変動

桑畑　私が韓国ドラマブームに気づいたのは、友達からの電話ですね。「『冬のソナタ』見てる?」って。NHKのBSで放送が始まったのが二〇〇三年でした。当時、私はBSを見ていなくて、「今、子育てに忙しいから」って言ったら、「ええっ? 分かち合いたいのに」と言われた(笑)。そんな電話がいくつかあったんですね。それで本屋さんに行ったら、『冬ソナ』のノベライズが山積みになっていた。そして翌年に地上波で放送が始まったら、地殻変動が起きた。

まつもと　二〇〇三年は動き始めているように見えなかったですね。

桑畑　そうですね。知る人ぞ知る、みたいな。

八田　むしろ僕らの方は見えてなくて、ファンの方が早かった。

桑畑　しかも当時は「布教」といって、DVDを買って友達に貸すみたいなことが行われて

---

*韓国と北朝鮮の軍事境界線上にある共同警備区域JSAで、ふとしたきっかけから友情を育むことになった南北の兵士の交流を描く。若き日のソン・ガンホ、イ・ビョンホン、イ・ヨンエも出演。

いましたよね。

まつもと　確かに『冬ソナ』は当時の勤め先の仲間が回して見ていましたね（笑）。

桑畑　日本で『冬ソナ』以前に放送された韓国ドラマとして知られているのが、テレビ朝日で深夜に放送されていた『イヴのすべて』*（二〇〇二年）です。

――とはいえ、『冬ソナ』が第一次韓流ブームの火付け役になったのは間違いなく、食やコリアンタウンにも波及していくのですが、ここまで人気になったのは純粋にコンテンツとして秀でていたからでしょうか？

桑畑　映像が美しかったと言われていますよね。TBSで七〇年代に放送された『赤い』シリーズみたいに、カメラワークの「引き」をうまく生かしているというところはありました。

まつもと　山口百恵主演の、過酷な運命に翻弄される人々を描いたドラマシリーズですね。そのような少し前に日本でやっていたものが、韓国ドラマではすごくメリハリのある描写になっていて、懐かしくも新鮮な印象がありました。

桑畑　『冬ソナ』が放送された当時、日本では純粋な恋愛ドラマが意外となかったのかもしれない。

――韓国ドラマは儒教的な上下関係がはっきりしていて、家族同士の絆が強いという印象がありますね。相手を一途（いちず）に思い続けるような純愛を描くのも特徴的です。

桑畑　好きだけど触れない、みたいな。

――『冬ソナ』は「ノスタルジー」というキーワードでもよく語られますよね。

桑畑　ジャーナリストの船橋洋一さんが当時、雑誌『AERA』に「この現象の背景に日本人が過ぎし日に対して抱く郷愁があるとの説がある。韓国の若さと一途なところに在りし日の自分を見出そうとする郷愁だという」「初恋は美し過ぎて冬のソナタ遠き日なり。うすく紅ひく」と書いているんですけど、そういう空気感だったのではないでしょうか。「初めてなのに懐かしい」というような。

――単なる懐かしさだけじゃなかったんですよね。『冬ソナ』は決して懐古趣味ではなくて、着ているものなどライフスタイルもスマートだったし、多面的な要素をいろいろ惹きつけた上での日本のヒットだったのではないかと。

まつもと　「あの、食べてるもの何？」とか、出てくるものすべてにどこか引っかかるというか。視聴者の多くが韓国の文化をほとんど知らなかったから。

桑畑　今七〇歳ぐらい、当時五〇代前後の人って、『anan』とか『non-no』が出始めた世

＊明るくまっすぐな性格のソンミと、手段を選ばず高みをめざすヨンミという正反対の女性二人が、テレビ局の看板キャスターの座をめぐって切磋琢磨していく。チャン・ドンゴンら出演。

代なんですよね。サブカル世代なんだけれども、長いことそれを封印して子育てや地域活動をしていたのが、ふと自由になった瞬間、日本では今や「ベタ」と思われているような『赤い』シリーズっぽいのとか、純粋な恋愛みたいなものに久々に触れて、心が洗われるという感覚があったのだと思います。

八田　その世代に受ける作品作りが日本では主流でなくて、若者世代向けのトレンディードラマが中心だった。ニーズはあるのにモノがなかったところにハマったのかも。

桑畑　ファンの方に話を聞いたことがあるんですけど、「主婦だったらできなかったことが、冬ソナをきっかけに、いろいろできた」と語っていました。ファンという共通項で出会った人たちが集まって寄付をするとか、旅するとか、今だと「普通の」カルチャーがなかった。遠くの人とつながるというのは今だったら当たり前にできることだけど、当時は難しくて、趣味が同じ人たちと交流しながら活動が広がるのが楽しかったっていう人も多いのかもしれない。

――今で言う「推し活」ですね。

八田　世界が広がったわけですね。僕はハングル能力検定協会の理事をしているんですが、その立場で言うと、韓国語の学習者が増えたのはやっぱり『冬のソナタ』の影響が大きかったです。「ハングル」能力検定試験は二〇二三年に三〇周年を迎えましたが、これまでで一番受検者が多かったのが二〇〇五年なんです。

桑畑　今よりも多いというのは衝撃的ですね。何だかんだいって突風的な勢いは、二〇〇四年が一番インパクトが強かったのではないでしょうか。今はある程度みんな韓国カルチャーに慣れているので、その流れの中にいる感じですけど、あの時はゼロからだったから。

まつもと（『冬ソナ』のロケ地の）春川（チュンチョン）の観光とか行ってましたね。

韓国・春川の商店街に立つペ・ヨンジュンとチェ・ジウの銅像（2022年7月7日撮影、吉野太一郎提供）

八田　ロケ地巡りのはしりですよね。春川の南怡島（ナミソム）でメタセコイア並木を歩いたり、春川中央市場でヨン様が食べたラーメンの店を探したり。

——春川の商店街にはペ・ヨンジュンとチェ・ジウの銅像が立っていますよね。

桑畑　当時の雑誌に載っていた「モデル韓国旅行」を見ると、今とあまり変わらないんですよ。「ヨン様」ことペ・ヨンジュンの経営するスポーツジムとか、クラブとかも入っていますね。聖地に行って料理を食べて、というのが始まった頃かも。今だとここにカフェ巡りとかが入ってきますね、きっと。かつては韓国に行って何をするかというのがあまり見えてなくて、男性客の団体旅行で飲んで食べて、というところではあったんですけど、それがロケ地巡りとかに変わっていって。いろんなトレンドを取り入れていって、『冬ソナ』は韓国旅行の形も変えましたね。

まつもと　『冬ソナ』ファンは経済的にも余裕のある層だった。

桑畑　うん。時間もお金もちょっと余裕ができた年代で、DVDを見る時間もあって。それまではテニスに熱中していたとか、基本的にすごくアクティブなんですね。

――DVDをボックスセットで買って一晩見ていても、生活に支障がない。時間的な余裕もある層だったんでしょうね。

桑畑　当時の主婦の方のなかには、パソコンを触ったことがないという人も少なくありませんでした。今だったら老若男女、SNSで好きなものをどんどん拡散させていますよね。『冬ソナ』の頃は、「パソコンとか、ホームページってどうやって見るの」みたいなところから始めたんです。

八田　動画を見るためにはどうしたらいいのかとか、リージョンコードの違う韓国のDVDをどうしたら見られるのかとか、アップデートの早さがすごかった。

まつもと　あの頃、韓国でDVDを買ってきたら、「リージョンコードが3で見られない」ってありましたね。

桑畑　今はどこの国の動画も一瞬で見られるようになったけど、当時は映像を見るのさえすごく必死でやらなければならないことだったって言ってましたね。

八田　情報を共有する楽しさが加速されたんでしょうね。メールマガジンで日々のヨン様情報を送ってくださる人もいました。

桑畑　だから今以上に人も集まったんですよね。

八田　ヨン様自身もファンの皆さんを「家族」と呼んで、一体感があった。

桑畑　あれも「ファンダム」*のはしりですよね。BTSのファンダム「ARMY」みたいなものです。ヨン様といえば、映画『四月の雪』**（二〇〇五年）は、二〇二〇年に『パラサイト 半地下の家族』***（二〇一九年）が上映されるまで、日本における韓国映画の興行成績で長いこと二位だった。大ヒットの一因となったのが、「ヨン様の映画ができるだけ長く上映され

---

*英語の「fan」に領域を表す接尾辞「dom」を組み合わせた言葉で、ファンの共同体を指す。

**『八月のクリスマス』のホ・ジノ監督、ペ・ヨンジュン主演。お互いのパートナーが不倫関係にあったことを知り衝撃を受けた男女が、次第に心を通わせていく。

るように」とそれまで映画館に行かなかった人たちも、昼間からみんなで映画館に押し寄せたこと。五十数回観たという人もいました。

――当時の「韓流マダム」たちのエネルギーがすごかった。ファンミーティングのときには、チケットのセールスはもちろん、スタッフの弁当を朝から五〇人分作るなど、組織的にやっている人たちを取材したことがあります。

桑畑　「韓流おばちゃん」として週刊誌で面白おかしく取り上げられたりしていましたね。

まつもと　何となく見下すような雰囲気の中で、韓流おばちゃんが頑張っていたんですよ。

桑畑　実際に取材すると、すごく知的で上品な人たちが多くて。「ここにかけている時間に、それまでは何をしていたんですか?」って聞いたら、地域活動やガーデニング、子育てに全力投球していた、と。でも、やはり愛なんです。ペ・ヨンジュンさんへの愛なんですよ。突然心を奪われてしまったんです。今七〇代のヨン様ファンにこの間、取材したんですけど、今でもその話をすると、表情が恋する一〇代みたいになっている。突き上げるような愛が原動力だったんだな、って感じがしますよね。

――妻がそんな感じになって、夫はヨン様に嫉妬してしまうという話も聞きました。

桑畑　そういう企画も雑誌でありました。「うちの妻はどうしちゃったんだ」みたいな。

まつもと　二〇〇四年にはペ・ヨンジュンが来日しましたよね。

桑畑　ヨン様フィーバーが頂点に達したのが、二〇〇四年一一月に、写真集の撮影で来日したときですね。ホテルニューオータニに泊まっていたヨン様に一目会いたいとファンが押し寄せて、怪我人まで出た。当時のテレビ放送で、ヘリコプターが「ヨン様が空港から都心に向かっています」と生中継してるんですよ（笑）。その年の『日経トレンディ』のヒット商品ベスト三〇の一位に「冬のソナタ」が入りました。

まつもと　翌年の夏にさいたまスーパーアリーナで『四月の雪』の関連イベントがあって。ペ・ヨンジュンが「家族のみなさん」と呼びかけて。

桑畑　私も行きました。みんな泣いていましたね。さいたまスーパーアリーナの横にレストランがあって、かなり早い時間からヨン様のぬいぐるみを持った五〇代前後の女性がいっぱいいました。

――ヨン様って、明らかにインフルエンサーだったんですよ。今はBTSが歌だけでなく行動も世界的に注目を浴びていますけど、好きな人はドラマを見るだけじゃなくて、ものを買うし、どこへでもついていこうとするし、来るとなったら全力で迎える。ヨン様に魅せられ

＊＊＊貧しい一家が、大豪邸で暮らす家族に寄生していくブラックコメディ・スリラー。ポン・ジュノ監督と名優ソン・ガンホが組み、第七二回カンヌ国際映画祭でパルムドール、第九二回アカデミー賞作品賞を受賞した。

てファンが何か行動を起こし、周りの人をどんどん巻き込んでいく、まさにインフルエンサー。

桑畑　この本もヨン様がいたからこそ出たのかも（笑）。

八田　ヨン様が一線にいるのはどの辺までなんですか？

桑畑　ドラマ『太王四神記』*（二〇〇七年）までかな。ヒットした作品としては二〇〇二年の『冬ソナ』、映画『四月の雪』で、その後がもう『太王四神記』。ここまででほぼ俳優としての活動が終わっているんです。

八田　二〇〇九年に『韓国の美をたどる旅』という本を出していますね。

桑畑　芸術専門校を舞台にしたドラマ『ドリームハイ』（二〇一一年）に理事長役で出ていましたよね。あの辺が最後ですかね。

——経営していた芸能事務所の株をSMエンタテインメントに譲渡して、同社の大株主にもなったんですけど、もう経営の一線にはいません。

まつもと　FIRE（資産運用で経済的に自立し、早期リタイアすること）してしまったんでしょうか。

桑畑　全然、表舞台に出てこないですよね。ハワイにいるとかいないとか？　目撃情報がないってすごいです。二〇二三年は韓流二〇周年でしたが、イベントにも姿を現しませんでした。

ドラマと韓国料理の蜜月関係

八田　ドラマのおかげで韓国料理が盛り上がったんですよね。『冬ソナ』の第六話でミニョン（ペ・ヨンジュン）とユジン（チェ・ジウ）が会食をするシーン。あそこでサムギョプサルを食べていて。「あの料理は何ですか？」とか「食べてみたいけど、どこへ行けばいいんですか？」という問い合わせが僕のところに来ていました。ちょうど韓国でもサムギョプサルはトレンドの料理で、その意味でもタイミングがよかったんですね。

かつての韓国ではサムギョプサルというと、安い冷凍肉を焼いてサンチュで包んで食べるものだったんですが、二〇〇〇年代前半になって、ワインに漬け込んで下味をつけるワインサムギョプサルが登場して高級化が進みました。ほかにもハーブサムギョプサルとか、チーズサムギョプサルとか、炭窯（すみがま）で焼くとか、水晶のプレートを使うとか、ありとあらゆる工夫が生まれて、それが東京のコリアンタウン・新大久保にも入ってきて。新大久保における二

＊ペ・ヨンジュン主演の歴史ファンタジードラマ。主人公が苦難を乗り越え、高句麗の第一九代の王になるまでの姿を描く。

〇〇四年の最新トレンドだったんですけれども、そこに「ヨン様のドラマに出てきたあの料理」としてピタッとハマったのは大きかったですね。

まつもと　『冬のソナタ』で食べてるあれ、というので知っているお客さんが多かった？

八田　初めて食べるけど、すでに馴染みがあるみたいな。みんな、ドラマが原動力になって同じものを食べてみたいと、初めて新大久保駅に降りるような人も多かった。それと、ペ・ヨンジュン演じるチュンサンが第二話で、「好きな料理は？」って聞かれて「トッポッキ」って答えるシーンがあって、それも食べたくなった人が多かったですね。

桑畑　『四月の雪』にはチャジャンミョン（韓国風ジャージャー麺）も出てきましたよね。「ヨン様の口が黒くなってる、あれは何？」って。「引っ越しのときに食べるんですか？」というような記事が当時たくさん出ていた気がします。

八田　有名なドラマがありました。『ファンタスティック・カップル』*（二〇〇七年）でチャジャンミョンをすすっている映像が話題になりましたよね。

まつもと　そういうのって、今まで街にあった、いわゆる昔ながらの焼肉店ではまったく出てこない料理だったから、どこで食べられるんだろう？　みたいなのはあったんでしょうね。

桑畑　当時だと、タレに漬けた肉を焼く焼肉と冷麺とかユッケとか、メニューが限られていましたよね。あとはビビンバとかぐらいですかね。

八田　焼肉といえば当然、牛肉だったし。

桑畑　そうですね。

まつもと　二〇〇三年に『木更津キャッツアイ　日本シリーズ』って映画が公開されたんですが、その中で「先輩が韓国パブを始めたんだ」といって主人公たちが行くんです。その店の名前が「イチ2のサンチュッ」。ユッケという名のホステス（ユン・ソナ）も登場する。それぐらい知名度があったということですよね。

八田　二〇〇四年一〇月からはＮＨＫのＢＳ２で『宮廷女官チャングムの誓い』[**]（二〇〇三年）が始まりました。地上波は二〇〇五年。韓国の食文化に対する関心がはっきりしてくるのはこの辺からなんですよ。

まつもと　『チャングム』と主演のイ・ヨンエの人気で、おじさんファンがかなり増えた印象があります。

＊一九八七年製作のアメリカ映画『潮風のいたずら』のリメイク版。記憶喪失になった高慢なセレブ女性を、ケチな男が家政婦として働かせることから始まるラブコメディー。

＊＊不幸な家庭環境に生まれた主人公が、朝鮮王朝の宮廷料理人として活躍し、ついには国王の主治医になるまでを描いた時代劇。主人公のチャングムを演じたイ・ヨンエはこの作品で一躍人気俳優になった。

高矢禮の外観と特別室（いずれも八田靖史提供）

桑畑　『チャングム』の時に宮廷料理のレシピ本とか出ましたよね。
八田　韓国料理の雅な伝統が注目されていって。二〇〇六年八月に東京・白金高輪でヨン様が開いたレストラン「高矢禮（ゴシレ）」につながっていく。
桑畑　行きました。当時の値段としては結構高かったんですよね。当初はランチでも三五〇〇円と、五五〇〇円の二種類。
八田　ディナーは一万円、一万五〇〇〇円、二万円、五万円の四種類でした。
――『チャングムの誓い』で注目された食事には何がありましたか？
八田　トッポッキじゃないですか。今のようにコチュジャンのタレで煮るのではなく、醬油味で仕立てた宮中式の。まだ唐辛子が伝来する前なので今のように赤くて辛い料理がない時代ですし、柿のドレッシングを使ったサラダとか、白菜で具を包んだマンドゥ（餃子）とか、全体的に上品な料理が多く登場していました。その監修をなさったのが朝鮮王朝宮中飲食の技能保有者（人間国

右から宮中式のトッポッキ（日本で撮影）と、ソウル「宮宴」の『チャングムの誓い』に登場した料理（いずれも八田靖史提供）

宝に相当）である韓福麗（ハン・ボンニョ）先生で、二〇〇五年にソウルで「宮宴（クンヨン）」という宮中料理レストランをオープンさせて、『チャングムの誓い』に登場した料理を食べられると話題になりました。

桑畑　新大久保にも「チャングム」というレストランがあったんです。普通のレストランですけど。

八田　ある種の宮中料理ブームという感じでしたが、『冬ソナ』で現代韓国料理に注目が集まった後、歴史的な部分にまで幅が広がったのは大きかったと思います。

――大衆料理ではなくて。

八田　当時は東京・銀座あたりにもたくさんの高級韓国料理店ができました。ただ、最終的には値段も高く、みんなが思う韓国料理のイメージに合っていなかったのか、それがそのまま主流にはなりませんでした。意外と求められているのは大衆料理のほうで、家庭料理とか、鍋料理とかが圧倒的に強いですね。

桑畑　日本だと、みんなでつつけるものが韓国料理みたいな印象がありますよね。宮廷料理は上品で、ちょっと味が薄いですしね。

八田　本当に好きな人はそういうところにも行きますけど、広く一般的に韓国料理を食べるとなると、やはりチヂミとかビビンバとか。よく知られた家庭料理を食べたい人が多いですね。あと、この時期の話題としてはカフェブームの始まりも大きな要素です。韓国では二〇〇五〜〇六年ぐらいのドラマから、カフェやスイーツが盛んに出てきます。

桑畑　『コーヒープリンス1号店』*（二〇〇七年）とか『私の名前はキム・サムスン』（二〇〇六年）とか。『キム・サムスン』のヒョンビンとキム・ソナ、流行りましたよね。主人公がパティシエで、自立した女性のラブコメのはしりといえるストーリー。キム・サムスンはちょっとぽっちゃりした女性で、パティシエとして自立していて。ヒョンビンは御曹司なんですけど、ちょっと女性の立ち位置が変わってきた感じがしたドラマですね。

八田　海外で修業してきた人たちが韓国に戻ってきて、お店を開くことが目新しかった。あこがれの職業にパティシエが入ったのがその頃だったと思うんですよ。それが第二次、第三次のブームに関わっていくカフェブームの原点ですね。

――韓国は儒教の国で大学教授や医者の社会的地位が高く、小さなお店をやっている人は、比較的低く見られてきたところがありますが、その頃から「カフェの主人」も一つの生き方として肯定される雰囲気になってきたように思います。

桑畑　ちょうどその頃に、新大久保で韓国人の男の子と一緒に韓国語と日本語の勉強をしていたんですけど、その子が日本に来ている理由が「パティシエになりたいから」って言ってて、結構意外だったんですね。御両親は反対しなかったんですか？　と聞いたら、「別に」って言って。きっと彼みたいな人が韓国で活躍してるのかなと想像しています。『コーヒープリンス』とか『キム・サムスン』とかを見て、ああなるほど、こういうのが今来てるのかなって感じはしましたね。

まつもと　カフェ文化は音楽にも影響していて、『コーヒープリンス』のサントラに入っているHUS（HUMMING URBAN STEREO）やCASKER（キャスカー）といったアーティストの曲が注目を集めたんです。その後にカフェミュージックという、喫茶店に合うようなアコースティックポップ系のお洒落なサウンドがだんだん盛り上がってきた。だからK－POP史においても『コーヒープリンス1号店』のサウンドトラックは重要ですね。ドラマがヒットしたから、カフェが乱立したということもあったんですか？

――カフェ文化が花開いて定着するのはもうちょっと後ではないかと。

八田　『コーヒープリンス1号店』のロケ地だったカフェが、ソウルの弘大（ホンデ）でそのまま営業を

＊イケメン男性しか雇わないカフェ「コーヒープリンス1号店」を舞台に、男性店員として働くことになった女性と経営者の男性との恋の行方を描く。日本でも新大久保に同名のカフェができ、2～4号店まで増えた。

して、多くのファンがやってきました。弘大は学生街であり、今でもオシャレなカフェの集まるエリアですが、個人的な記憶としても二〇〇八年にはガイドブックの取材でデザイナーズカフェを取り上げたりしていました。このあたりから増え始めて、二〇一〇年にヒットしたドラマ『製パン王 キム・タック』*の影響からベーカリーブームが起きて連動し、どんどん盛り上がっていくといった感じでしょうか。

まつもと 弘大を中心にインディーズ文化が成熟していった時期は、カフェ文化の盛り上がりと重なっていて、そこに意外と日本のお洒落な音楽が影響を与えているんです。

桑畑 韓国は日本語を公の電波で流すのが今でも難しいですよね。

——植民地時代に支配国だった日本の大衆文化の輸入は、一九六五年の日韓国交正常化後も根強い反日感情など様々な理由で許可されませんでしたが、ワールドカップ共催を前にした一九九八年の金大中（キムデジュン）大統領と小渕恵三首相の日韓共同宣言を契機に雪解けを迎えました。同年の映画・漫画を皮切りに、アニメやゲーム、歌手の公演などすべての分野が、二〇〇四年まで四段階を経て解禁されていきました。

まつもと 文化開放で日本の音楽が入ってきたといっても、現地はそれほど大きな刺激を受けていない。別に開放しなくてもある程度、メジャーなものはすでに聴かれていたからです。逆にparis match（パリスマッチ）とかCymbals（シンバルズ）など、ちょっとマニアックでお洒落系の音楽が結構業界人に刺激を与えて、カフェ文化の盛り上がりとうまくマッチした気がします。

ブームに影を落とした教科書・靖国問題

——二〇〇〇年代前半から半ばにかけては教科書・靖国問題もありました。二〇〇一年に「新しい歴史教科書をつくる会」の右派色の強い歴史教科書の内容が「歴史の歪曲（わいきょく）だ」として韓国で激しい反発を呼び、主に日韓の地方自治体同士の交流行事が相次いで中止されます。小泉純一郎首相が在任中に毎年行った靖国神社参拝や、二〇〇五年に島根県が「竹島の日」を制定したことも追い打ちをかけました。政治・外交面では波乱の多い時期でしたが、日本での韓流ブームに影を落として、下火になっていく傾向はあったのでしょうか？

八田　第一次ブームって、終わった感覚がないんですよ。韓国カルチャーを追っている立場としてはずっと階段を上っている印象がありました。そもそも韓流ブームが繰り返されるという認識がなかったので、今振り返ると第二次があったから、その手前は谷だったのかなと。

——ブームがひと段落という感じですか。

＊奇しくも同じベーカリーで修業することになった異母兄弟が、パンの技術や恋、後継者の座をめぐって火花を散らす。異母兄弟を演じるのはユン・シユンとチュウォン。

八田　二〇〇五年は「竹島の日」の制定と、歴史教科書問題と小泉首相の靖国神社参拝問題の三つが重なったんです。「今韓国に行っても大丈夫ですか」と随分、旅行客が心配していました。日韓関係がちょっとギクシャクすると韓流ブームに影が差すというのは今も変わらないことで、定期的に盛り上がったり下がったり、政治や国際関係が結びついてしまうところは当時からありました。

桑畑　ブームがひと段落した理由のもう一つは、コンテンツの値段のバランスが崩れたこと。『冬ソナ』のように一つパンッと跳ねると、他局が次にヨン様の昔の作品の『ホテリアー』*（二〇〇一年）をオンエアしたり、どんどんコンテンツをさかのぼっていくんですね。人気が出るほど買い付けの値段が上がっていくし、視聴者にとっては見る作品がいっぱいありすぎて、ヒットが一つに集中しなくなってくる。そうするとヒットが見えづらくなってくるんです。ブームっていう言葉が枕詞みたいに付く状況ではなくなったのかもしれない。

――ブームが落ち着いた二〇〇五～〇六年でも、男性歌手のRain（ピ）が東京ドームでコンサートをやっているので、動員力が落ちた訳ではなかったようにも思えます。

まつもと　彼の場合は歌だけでなく、ドラマ人気もありましたよね。『サンドゥ、学校へ行こう！』**とか『フルハウス』***とか。

桑畑　今でも「ピが人生を変えた」って人は少なからずいますよね。

まつもと　Ｋ－ＰＯＰシーンがどうのこうのなんていうのはこの頃、誰も関心がなかったんですけれどね。

桑畑　二〇〇六年五月にイ・ビョンホンが東京ドームで単独のファンミーティングをやったんです。これまで見たファンミーティングの中でも異色というか、俳優が一人で、ファンミーティングで東京ドーム、ってなかなかないんですよね。チャン・ドンゴン、ウォンビン、ペ・ヨンジュンと並ぶ「韓流四天王」の一人として人気で、私も取材に行きましたが、盛り上がっていましたね。ちなみに、演出は秋元康さんでした。

八田　二〇〇五年頃は政治的に見ると非常に良くなかったんですけれども、日韓国交正常化四〇周年で、「日韓友情年」として盛り上がる企画がいっぱいありました。翌二〇〇六年の

＊ソウルの一流ホテルの再建や買収を巡り、男女四人の人間模様を描く。二〇〇七年には上戸彩、及川光博らの出演で日本版が制作された。

＊＊金持ちの女性から金をだまし取って生計を立てる主人公は、街でかつて恋していた幼馴染みを見かけ、ひょんなことから彼女が教師をしている高校で働き始める。ピの初主演ドラマで、ヒロインは「ラブコメの女王」と呼ばれるコン・ヒョジン。

＊＊＊両親の遺産として引き継いだ「フルハウス」に暮らす主人公は、詐欺でフルハウスを俳優に奪われてしまう。契約結婚することになった二人の恋の行方は――。韓国で四〇％を超える視聴率を記録した人気ドラマ。

右上から反時計回りにドラマ『輪舞曲』のスンドゥブチゲ店開店当日の混雑と、同店のスンドゥブチゲ。am/pmで販売されたスンドゥブチゲ（いずれも八田靖史提供）

一月にもTBSのテレビ放送五〇周年企画として、日韓共同制作のドラマ『輪舞曲（ロンド）』が竹野内豊、チェ・ジウのダブル主演で放送されています。その劇中でチェ・ジウが、妹役のイ・ジョンヒョンとスンドゥブチゲの専門店を開くのですが、川崎市の溝の口にあったロケ地を、実際の飲食店としてドラマの放送中にオープンさせたんですね。運営を担当したのが「牛角」のレインズインターナショナルで、系列のコンビニ「am/pm」とか、居酒屋の「土間土間」でもスンドゥブチゲを販売したので、料理の知名度がぐんと上がりました。第一次ブームにおける「食の四天王」はサムギョプサル、トッポッキ、タッカルビ、スンドゥブチゲだと思っています。

桑畑　ドラマを生かした食べ物コラボのはしりみたいな感じですか？

八田　はい、当時としてはかなり目新しかったですね。それが二〇〇六年の初めなので、政治的な面で二〇〇五年にいろいろあったからといって、韓流人気がなくなったとは思えませんでした。特に食の場合はエンタメが盛り上がった後に、時間差でついてくることが多いんですけど、二〇〇六年は八月にヨン様のレストラン「高矢禮」がオープンしたのもありましたし、食の韓流ブームは二〇〇五〜〇七年が真っ只中、みたいな感じで見ていました。

桑畑　東方神起が日本のテレビにバリバリ出て、人気が出たのもこの頃ですよね。

まつもと　彼らは日本語がうまかったですね。二〇〇八年一月のBIGBANG*の日本デビューでもK-POPのファン層が広がったけれども、やっぱりまだ「シーン」という感じではない。

――少女時代やKARA**が出てくるのは第二次ブームのときでしょうか。

八田　東方神起が「第59回NHK紅白歌合戦」に初出場したのが二〇〇八年。今振り返ると、

*二〇〇六年に男性五人グループとして韓国でデビュー。アジア的な情感と最新のダンスミュージックを融合したスタイルでヒット曲を連発した。K-POPの魅力を海外に広めた広報大使的な役割も果たした。

**少女時代は二〇〇七年に九人でデビューした女性グループ。KARAも同年、女性四人組としてデビュー。いずれも韓国で大きな成功を収めた後に日本進出を果たしている。

結構大きいことだったのかなと思いますが、どうなんでしょう。

まつもと　東方神起は分裂したので大変だったと思います。二〇〇四年にCDデビューして、グループの分裂騒動が起きたのが二〇〇九年。

――東方神起は二〇〇九年七月下旬にユチョンら三人が所属事務所に契約終了を求めて訴訟を起こし、五人での活動が終わりました。

まつもと　この頃はBIGBANGとかが大きいハコでライブをたくさんやり始めて、同時にファンが中高年から若年層へと徐々に下がっていった印象もあります。

桑畑　韓国の映画はこの頃、暗雲が立ちこめ始めたんですよ。二〇〇〇年代前半は、『私の頭の中の消しゴム』*（二〇〇四年）が三〇億円で当時の韓国映画の歴代興行収入一位になって、『四月の雪』もあり好調だったんですけど、後半は韓国側が見せたいものと、日本のファンが見たいもののズレが出てきたんですね。韓国映画って結構きわどいものや暴力的な作品も多いので、韓流マダムたちが嫌悪感を示すこともあったみたいです。

八田　韓国旅行の方では二〇〇八～〇九年って、ウォン安の影響でお得感があった時期で、それもブームが上向きになっていくきっかけとなった印象があります。二〇〇九年一月のソウル取材をよく覚えているのですが、韓国の飲食店を取材する日本メディアが多すぎて、お店の人から「今は来てくれるな」と言われました（笑）。

桑畑　旅行ガイドブックが活気づいた時期なんですかね。

八田　ガイドブックもそうですし、旅行会社がこぞって韓国推しでした。一対一〇前後だったレートが、一対一六にまでなりましたからね。一万円持って行くと、以前は一〇万ウォンだったものが一六万ウォンになる。局面がちょっと変わったなというのは、もしかしたら二〇〇八年ぐらいのときにあったのかもしれない。

観光客が押し寄せた新大久保

――今はコリアンタウンとして知られるようになった新大久保の成り立ちが知りたいです。

八田　新大久保に韓国料理店ができ始めるのが一九七〇年代の終わりから八〇年代にかけて。繁華街の歌舞伎町に隣接する地域なので、出稼ぎにきた人たちのベッドタウンになっていて、同胞向けに簡単な家庭料理を出したのが始まりでした。聞いた話ではソウルオリンピックが開催された一九八八年頃には、一〇軒ほどに増えていたそうです。一九九四年に韓国スーパ

＊チョン・ウソン、ソン・イエジン主演。建設会社の社長令嬢のスジンと、建築家志望のチョルスは幸せな結婚をするが、やがてスジンは病に冒されて記憶障害となり、チョルスのことを忘れていく――。日本のドラマ『Pure Soul　君が僕を忘れても』が原作。

上から、新大久保駅の旧駅舎（2008年撮影）と現駅舎（2020年撮影、いずれも八田靖史提供）

ーの「韓国広場」ができると、食材の仕入れが容易になって九〇年代後半からぐっと増えていきます。その背景には一九九七年のアジア通貨危機があり、韓国内の経済が厳しいことから、海外での仕事に活路を求めた人も多かったからと聞きます。僕が本格的に通い始めたのは留学から帰った二〇〇一年からなので、実際に見ているのはその頃からですね。みなさんが初めて新大久保に行ったのはいつですか？

桑畑　一九九七年頃、韓国留学から帰ってきて、韓国の匂いが恋しくなって。新大久保に行くとスンデ（豚の腸の中にもち米や春雨などを詰めて蒸したもの）とかが食べられるので嬉しかったです。今の「町中華」のディープなところに行っちゃったみたいな感じ。

——在日コリアンではない、いわゆる「ニュー

サッカーファンで埋め尽くされた「大使館」（左上）と、スペイン戦勝利後の職安通り（右上下、いずれも八田靖史提供）

カマー」の店としては新大久保にあった「大使館」が、二〇〇二年のサッカーワールドカップの時、日韓の代表チームを応援する店として話題になりました。

まつもと　二〇〇二年のワールドカップの時は、あそこで騒いでいたような（笑）。「大使館」で赤いユニフォームを着てサッカーを見ていました。「テーハミング（大韓民国）！」って叫ぶと、近くの車がププップ、プップとクラクションで応えてくれた。あの時はもうすでに、コリアンタウンになっていましたね。ただ、今の「イケメン通り」*はまだなかったはずです。

＊大久保通りと職安通りを結ぶ細い道で、イケメンの店員や呼び込みが多いことから名付けられたと言われている。盛んに使われるようになったのは二〇一一年頃から。

新大久保にあった「コリアプラザ」(2005年撮影、八田靖史提供)

桑畑　職安通りが中心でしたよね。

まつもと　一九九七年ぐらいには新大久保に「韓国食堂」という茶色くて小さいお店があって、そこでビビンバを食べたりしてました。今でも営業しているスーパーマーケットの「韓国広場」は職安通り沿いのビルの地下にあって、そこで食材とともにカセットテープやCDを売っていたので、よく買っていました。

桑畑　私も当時、DVDとかカセットテープを買いに行きましたね。

まつもと　地下にあるのを知っているというのは、なかなか古いですよね。

八田　二〇〇五年に韓流グッズを揃えた「コリアプラザ」(現在は閉店)が路面店として拡張移転するんですよね。「韓国広場」の向

左から、「韓流バザール」のヨン様のマネキンとソン・スンホンのマネキン（いずれも八田靖史提供）

かいに。

——恐らく、それまでは日本在住の韓国人のためにやっているお店がほとんどだったのが、ヨン様ブームになって、日本人客が新大久保に押し寄せるようになったのではないでしょうか。商売もきっと、韓国人相手から日本人が相手に変わっていく局面が出てきていますよね。

八田　職安通りの「韓流バザール」という韓流ショップの入り口に、ヨン様のマネキンがありましたね。しっかりトレードマークのマフラーも巻いて。

桑畑　二〇〇三～〇四年ぐらいに変わったのではないでしょうか。それだけのブームになったから。

八田　僕が二〇〇一年に新大久保の韓国式刺

身店でアルバイトをしていたときは、ほぼ韓国人相手の商売でしたね。韓流の到来によってすっかり客層が変わって、韓国人のアルバイトがマフラー姿でヨン様ファンのマダムをお迎えする感じになりました。当時、新大久保の客層を「原宿と巣鴨の間」と言った人がいましたが、訪れる女性の年齢層を指したうまい表現だったと思います。

——今は新大久保で年配女性をほとんど見かけないような気がしますが？

まつもと 若い子が目立ちますが、そのあたりの年代もちゃんといますよ。

——世代の幅が広がって、母親が娘を連れてくる光景もあるかもしれないですね。

桑畑 お客さんがリクエストしたK－POPを流すカフェに行くと、たまに東方神起が流れてきて、どんな人がかけているんだろう？ と思うと、笑顔で聴いているマダムたちがいて。時間帯やお店によっても違うかもしれないですね。

《第一次ブームまとめ》

・第一次ブームの盛り上がりは『冬のソナタ』の二〇〇三年からBIGBANGがデビューした二〇〇八年頃

・第一次韓流ブームの火付け役になったのはドラマ『冬のソナタ』。日本では若者向けのトレンディードラマが中心だった時代、純愛ストーリーが五〇代前後の人々の心をつかんだ

・K‐POPはBoAや東方神起、BIGBANGらが人気を博すものの、「シーン」としてはまだ現れていない

・『冬ソナ』や『チャングムの誓い』など、ドラマ人気が食への関心を呼ぶきっかけに。第一次ブームの「食の四天王」はサムギョプサル、トッポッキ、タッカルビ、スンドゥブチゲ

〈韓国料理の未来予測コラム〉

韓国料理の世界化と現地化、そして本場の役割

八田靖史

二〇〇八年に発足した当時の李明博（イミョンバク）政権は「二〇一七年までに韓国料理を世界の五大料理に育成する」と目標を掲げた。一般に「世界三大料理」と言えば、中国料理、フランス料理、トルコ料理を指すことが多く、五大になると日本料理、イタリア料理、スペイン料理、インド料理あたりから選定される。語り手によってタイ料理やメキシコ料理を推す人もいるので、あくまでも曖昧なランキングではあるが、その一角へと食い込むことを韓国料理は目指した。

それを成し得たかどうかの評価は、二〇一七年以降の時代に生きる我々からすると、韓国料理好きのひいき目で見てもまだ厳しいように思う。とはいえ、この時期に官民あげて「韓食（かんしょく）の世界化」を目指したことは、企業や飲食店の海外進出を促したり、韓流と連動しながらブランド価値を高めたり、自国の食文化を見直したりな

どの成果があった。それは現在までしっかりとつながっている。

今にして振り返ると、二〇一七年の期限は少々早く見積もりすぎたのではないか。本書の第四章でも触れているが、韓国料理の世界的な広まりは二〇二〇年代に入って勢いを増している。コロナ禍のステイホーム期を経て、農水産食品の輸出は年々増加し、韓流コンテンツを通じた食文化情報の拡散や、ＳＮＳや動画を通じたインフルエンサーのトレンド発信が目覚ましい。真の世界化を考えるなら、二〇一〇年代は入念な準備段階であり、二〇二〇年代前半を黎明期としながら、これからがいよいよ本番となるのではないだろうか。

すると、どんなことが起こるのだろう。

まず考えられるのは、韓国以外の国々で韓国料理が普及し、本国とは違った進化を遂げていくことである。こうした現象はすでに日本でも見られ、例えば、第三次ブームでチーズタッカルビが流行って有名になったことから、そのフレーバーを再現したカップラーメンやスナック菓子が発売されたり、具として応用したサンドイッチや中華まんが登場したりした。海外から来た料理が現地の食文化と融合し、新しいものとして再構成されるのはよくあることだ。

あるいはまったく新しい料理が生まれることもある。日本の韓国料理店ではすでにお馴染みだが、UFOチキン（円形の鍋を使用して溶けたチーズに絡めて食べるフライドチキン）は韓国から進出したフライドチキンチェーンの「Goobne（グッネ）Chicken（チキン）」が日本オリジナルのメニューとして開発した（同店でのメニュー名は「UFOフォンデュ」）。好評だったと見えて、韓国でも一部の店舗で、期間限定ではあるが逆輸入の形で販売された。

ただし、こうした日本生まれの韓国料理となれば、近年のトレンドを追いかけるよりも、在日コリアンの食文化にいくらでも見るべきものがある。一〇〇年以上、数世代にわたって日本の地で韓国料理を作り続けてきたことにより、日本でしか食べられないオリジナリティのある韓国料理がたくさん生まれている。盛岡冷麺、ちりとり鍋、カルビクッパなどはいずれも日本で進化したものであるし、発酵による酸味を抑えつつ旨味を強調したキムチや、無煙ロースターや焼肉のたれを生み出した日本式の焼肉もある。

もちろん日本だけに限った話ではなく、中国・東北部の延辺（イェンピェン）朝鮮族自治州に行けば、ヤンコチ（クミンなどのスパイスで味付けをした羊肉の串焼き）や、延辺冷麺（牛ダシの甘酸っぱいスープやキャベツのキムチを特徴とする冷麺）を代表とする朝鮮族料理があり、これらは二〇一〇年代後半から韓国でもブームになった。

アメリカでは在米コリアンによって、一九八〇年代頃からロサンゼルスを中心に、スンドゥブチゲの専門店が増えていった。ハムやチーズといった洋風のトッピングを追加したり、ＬＡカルビ（ＬＡ式の牛カルビ焼き）とのセットで提供したりするスタイルはアメリカで発達したものだ。日本では二〇〇〇年代前半からスンドゥブチゲの専門店ができ始めたが、初期の主要な店舗では多くがアメリカのスタイルを踏襲した。

ロシア、ウズベキスタン、カザフスタンといった国々にも高麗人と呼ばれるコリアンたちが住む。韓国語のククス（麺）を語源とするククシ（冷やし素麺）や、ロシア語のマルコフ（ニンジン）と韓国語の「チェ（菜）」が組み合わさったマルコフチャ（ニンジンサラダ）といった料理が知られる。ソウルの東大門（トンデムン）や、釜山（プサン）の草梁洞（チョリャンドン）に行くとロシア系の飲食店が集まっていてメニューにも載っている。

韓食の世界化が進んでいく中、それぞれの国で韓国料理への関心が高まっていけば、いずれはこれら在外コリアンの食文化にも注目が集まっていくことだろう。それらは一過性のトレンドとは違う、地に足のついた現地化の蓄積であり、言うなれば一足先に世界化を果たした韓食そのものである。ここにスポットライトが当たれば、韓国料理の世界は一気に分厚さを増す。

その一方、世界化が進むことによって韓国料理の根本的な部分が曖昧になっていく可能性は危惧される。新たな発想や工夫が積み重ねられて、国際色豊かなスタイルに変貌を遂げた場合、昔ながらの伝統が見えにくくなるのは想像に難くない。日本における韓国料理のイメージがチーズに染まりかけているのは、その一例と言える。

よって、韓国内においては大事なものを見失いかけたときに、すぐ戻ってこられるよう、本場ならではの姿を堅固に維持していく努力が必要になる。

もちろん、ここでわざわざ書くまでもなく、近年の韓国では伝統菓子のブームがあったり、コンビニやファストフード店で地方の特産品とコラボした商品を発売したり、二〇～三〇代の若い生産者が付加価値の高いマッコリを発売したりと、伝統の再解釈と洗練はもっとも注目度の高いトレンドのひとつだ。韓食の世界化が進めば進むほど、韓国料理とは何か、本質を問われ続けることになるので、理論的にも、実践的にも本場の役割は大きい。

各分野で伝統的な食文化の掘り下げが続いていくとみられるが、中でも、宮中料理、宗家料理（地方の旧家が継承する祭祀料理や伝統酒など）、郷土料理、家庭料理といったジャンルには大きく期待をしたい。現状でも魅力の発掘は活発なので、それらが海外でも共有されて韓国料理の幅を広げる流れが続いていくだろう。

また、これらはすべて朝鮮半島の北部にも同様のことが言える。南北が分断された現状では、本場を訪れて体験することはなかなか難しいが、韓国でも「以北料理（朝鮮半島北部の料理）」と呼ばれる専門店は多い。すべては南北関係次第だが、二〇一八年の南北首脳会談では平壌冷麵に注目が集まって以北料理のブームが起きた。韓国全土での可能性をすべて掘り下げたとしても、まだ北部にざっくり半分の可能性が眠っていると考えれば、その未来は果てしない。

これらすべての可能性を包括したうえで、忘れてはいけない大事な要素に韓国料理が継承してきた精神世界がある。それらはときに「情」という言葉や、作り手の腕前や真心を象徴する「ソンマッ（手の味）」として表現される。また、それは作る、食べるだけでなく、食卓を囲んでともに語らうような場面も含む。韓国料理がなにを大事にして、どう料理に込めるかは韓国社会の歴史を反映するもので、料理がどれだけ世界化してもその本質は韓国にしか存在しえない。

その本質を目指した往来、交流、理解の拡散が韓国料理の未来を支える。その作業は韓国料理にかかわるすべての人にとって、きっととても楽しい。

第二章

第二次ブーム（二〇一〇～一二年頃）

――カリスマ百花繚乱

K-POP「シーン」の誕生

――第一次ブームで二〇〇八年ぐらいまでお話ししていただきました。ここでは第二次で盛り上がっていくところから始めたいと思います。

まつもと　K-POPで確かなブームの火が付いたのは二〇一〇年ですけど、僕が音楽ライターとして「変わった」と思ったのは、二〇〇九年。東方神起の女性版として登場した天上智喜（てんじょうちき）The Graceという女性四人グループがいたんです。日本ではそれほど売れていなかったんですが、彼女たちが二〇〇九年に東名阪や福岡を回る、キャパ一〇〇〇人前後のハコでツアーをやったんですよ。僕は博多で見たのですが、当時おじさんやおばさんしか来ないイメージがあったK-POPで、若くてオタクじゃない男女が客層の中心だった。それにびっくりして、今はこんな感じなんだ、と思ったのが最初でした。もしかすると天上智喜The Graceだけの話かなと思ってウォッチしていたら、翌年の二〇一〇年二月、KARAが日本デビュー前に行った東京・赤坂ブリッツのコンサートで同じ現象があった。そこで、時代が変わったと確信しました。
KARAは夏に正式に日本デビューして、ほぼ同時期に少女時代も火が付いた。KARAの場合は、デビューシングルリリース記念握手会を東京・新木場のスタジオコーストでやったときに、会場を取り巻いていたファンを撮影したんです。その写真を今見てみると、中高生の女の子たちや、いわゆる「マニア」ではない男の子たちが写ってる。どう表現するかは難しいですが、とにかくお茶の間で楽しんでいる普通の人たちに受け入れられているんだと思って。

——第二次ブームはKARAと少女時代が牽引したと。

まつもと　BIGBANGやSUPER JUNIOR*といったボーイズグループも援護射撃していましたね。BIGBANGは違いますが、特にSMエンタテインメント出身の、そのグループだけを応援するすごいファンのいるグループ。ボーイズファンは根強くて、コンサートをやれば大きい会場に人が集まって、チケットがソールドアウトするという状況がずっと続いていて。SHINee（シャイニー）**は日本で特に熱狂度が高い印象があります。K-POPのシーンですごく大きなう

*二〇〇五年に一二人でデビューした男性グループ。日本デビューは二〇一一年。代表曲に『SORRY, SORRY』など。

2024年2月に行われたSHINeeの東京ドームライブ

ねりを作る導火線はガールズグループなんだけど、ムーブメントは作らなくてもわっと人が集まる、例えば2PM（トゥーピーエム）のような集客力のあるボーイズグループが定期的に出てきている印象です。

——第一次ではまだK-POPの「シーン」はないというお話でしたが、第二次で生まれたと言えるのでしょうか?

まつもと　はい。日本の音楽シーンでK-POPが見過ごせないほど大きなものになったことを「シーンの誕生」とするならば、この時期だったと思います。

桑畑　もう定着していますよね。

——KARAや少女時代が女子高生に人気になった理由というのは、どういうところにあったのでしょうか?

まつもと　大衆性ですよね。二〇〇七年に韓国でガールズグループブームの口火を切ったのが、当時五人組の Wonder Girls。『Tell Me』という老若男女が踊って楽しめる曲が国民的ヒットになったこの年に、少女時代とKARAも韓国でデビューして、ガールズグループブームが生まれたんです。ただ、KARAはなかなか人気に火が付かなかった。それでメンバーがテレビのバラエティー番組に出ることで注目度を高めていったんです。バンジージャンプに挑戦するとか、日本進出後は浅草で食べ歩くとかして、お茶の間の人気をつかんだんですよね。もちろん、代表曲『ミスター』で見せたヒップダンスのかわいらしさもあったんですけど、韓国からやってきて「つたない日本語がかわいいね」というのも実はあった。ここを掘り下げるともっと深い話になるんですけど、七〇年代のアグネス・チャンやテレサ・テンのような、近くの国や地域から来てつたないしゃべり方をする子、という昭和世代に受けたかわいさの延長ではあるんです。

八田　二〇〇〇年代はタレントとしてユン・ソナも売れていましたよね。

まつもと　ユン・ソナが売れていたのもそういうところがありましたよね。当時のお茶の間

＊＊二〇〇八年にデビューした五人グループ。日本デビューは二〇一一年。音楽、ダンス、ファッションなどあらゆるジャンルで最先端のトレンドを発信する「コンテンポラリーバンド」がコンセプト。

のニーズに合っていた、というところがあるような気がします。そこからK-POPはどんどん成熟していくのですが。

――Wonder Girlsについては J.Y.Park（パク・ジニョン）*の自伝『J.Y.Park エッセイ 何のために生きるのか？』（二〇二一年）にも書かれていましたが、二〇〇〇年代後半に彼が率いる芸能事務所「JYPエンターテインメント」がアメリカ進出を狙って、一生懸命売り込んだけどうまくいかなかったんですよね。

まつもと　アメリカ進出の優先順位がとにかく高くて、日本へはようやく進出したという感じでしたよね。でも、結局はパッとせずに終わってしまった。すでに日本における「韓国アイドル枠」は少女時代やKARAといったライバルで一杯になっていて、彼女たちが入る余地がなかった。

――『Tell Me』は最近、ショート動画でリバイバルしていましたよね。切り取って見ると中毒性があります。

まつもと　TikTokで昔のシーンを切り取るというのは面白い文化ですよね。話を戻しますと、「ガールクラッシュ」、つまり女性にとってかっこいいあこがれの存在となる女性グループがここ数年のトレンドになっていますが、その流れのスタート地点に立っていたのが少女時代だったんじゃないでしょうか。だからこそ、今まではファン層が異なっていたんだと思います。
　少女時代以前にも日本に活動の場を求めてやってくる女性グループは何組かいたんです。二〇〇〇年代にはSugarとJEWELRY（いずれも現在は解散）という女性グループが出たんですけど、どちらも日本人が作った楽曲で日本デビューしているんですよね。K－POPとは切り離されている。ビジネス的にもそっちのほうがうまみがあるんでしょうけど、韓国で出していたオリジナルの曲で勝負しなかったんです。そういうズレがずっと続いていたところ、ようやくリアルタイムのK－POPの雰囲気とリンクしたのが、少女時代だったと言えます。そういう点でも彼女たちは違っていました。

ブームを支えた時代劇人気

まつもと　この時期は俳優がきっかけでK－POPが好きになったという層も混在していましたね。

桑畑　K－POPのアーティストが俳優業をすることでミックスされて、ファン層が深くな

＊シンガーソングライター、音楽プロデューサー、実業家。芸能プロダクション・JYPエンターテインメントの創設者で、総合プロデューサー。TWICEやNiziUなど多くのアーティストを生み出している。

ってきていたんですよね。ドラマのジャンルも多様化してきたのがこの頃で。チャン・グンソク主演で話題になったドラマ『美男(イケメン)ですね』(二〇〇九年)は、ロックバンドCNBLUE(シーエヌブルー)のジョン・ヨンファとFTISLAND(エフティーアイランド)のイ・ホンギが出ていました。

まつもと　活躍していましたね。当時はそういうドラマ関連の媒体から「男優の魅力を中心に書いてK-POPは付け足し程度で」みたいな仕事ばっかり来てたな(笑)。

——ドラマはこの時期どうでしたか。

桑畑　長い間『冬ソナ』が追い抜けない頂点として存在しながら、イ・ビョンホンら「四天王」が出てきて、裾野がどんどん広がっていったんですよね。その後、二〇〇五年に『チャングムの誓い』がNHK総合でオンエアされてから、BSやCSを中心に時代劇が広まっていった。二〇〇六年に『宮(クン)〜Love in Palace』*という王宮ロマンスのドラマがあって、ラブコメがブームになるんです。じめじめしていない、笑いの要素が入ったポップな作品が増えてきた。フュージョン時代劇『チェオクの剣』**(二〇〇三年)も二〇〇六年にNHK総合で放送されて人気を得るなど、ジャンルが多様化していきました。一方で、業界の人が言うには、どんどん買い付けの値段が上がっていって、日本の配給会社はなかなかいい作品が買えなくなった。レンタルDVDショップの「韓流棚」にはドラマがありすぎて、頭一つ抜けるものがなかなかないというジレンマがありました。

映画でいうと、『私の頭の中の消しゴム』が当時、日本で『シュリ』を抜いて最大のヒットになり、韓国映画の興行成績で歴代一位に。しかし、「カッコいい人を映画に出せばいいんじゃないか」と人気俳優のソン・スンホンとクォン・サンウがツートップで出る『宿命』（二〇〇八年）という映画があったのだけど、男臭いアクションノワールでマダムにあまり受けなかったり、イ・ビョンホン主演の『悪魔を見た』***（二〇一〇年）という作品では、キャストはカッコいいんだけど中身は残酷だったりとか、クオリティは高くてもマーケティング的に日本では難しいものがあって、大ヒットが出なくなったんですよね。

八田　時代劇ブームは結構長かった気がします。

桑畑　そう。キー局の地上波で韓国ドラマをあまり放送しなくなって、一見、停滞したと言われている時期でも、地方局では息長く続いていたんです。時代劇はテレビをよく見る層を手堅くキャッチするので、頼みの綱という感じで、ラブコメよりも堅調なんですよね。

*ごく普通の女子高生が王宮に嫁ぐことに——。現代の韓国に王室制度が残っていたら、という設定のラブロマンス。韓国の少女漫画が原作。

**一七世紀末の朝鮮王朝時代、当時の警察で活躍していた女性と、二人の男性の悲しくも激しい恋を描く。

***婚約者を殺された国家情報院捜査官が、犯人に復讐するために奔走するサスペンス。

まつもと　ファンが結構いるんだな、という印象です。

桑畑　時代劇にもいろいろあって、朝鮮王朝の歴史を描く正統なものから、商人や義賊、医師を主役にしたもの、新羅（しらぎ）の王女の波乱万丈の人生を描く『善徳（ソンドク）女王』（二〇〇九年）、女性が犯罪事件の捜査で活躍する『チェオクの剣』（二〇〇三年）、人気スターのイ・ジュンギを起用した『イルジメ〔一枝梅〕』（二〇〇八年）などができて、多様化も進みました。時代劇はストーリーがしっかりしているから、見ごたえがあると思います。

まつもと　時代劇への支持がずっとあって、韓流ムーブメントの土台を作っている要素の一つになっていますね。

桑畑　一見キラキラしていないから目立たないのだけど、実は強い。

「演技ドル」の台頭

八田　時代劇がじわじわと裾野を拡大する中で、ドラマが日本で社会現象になるほどの爆発力を発揮するのは『愛の不時着』*（二〇二〇年）まで待たなければいけないんでしょうか。

桑畑　いや、「グンちゃん」です。

――グンちゃんこと、チャン・グンソク。『美男（イケメン）ですね』でワッと人気が出ました。大人気の「イケメン」バンドに女性が紛れ込んで……というストーリーですね。

八田　ああ、なるほど。二〇一〇年の夏休みに、フジテレビが午後の時間帯に「韓流α夏祭り」と題して『美男（イケメン）ですね』などのドラマを放送していましたね。新大久保に制服姿の高校生が増え始めたタイミングとちょうどぴったりくる気がします。K－POPだけでなく、ドラマから入って来た人もその時期けっこういたのかもしれませんね。

まつもと　チャン・グンソクはソロ名義の曲もあるし、TEAM H**としても活動していたから、ミュージシャンとしての人気も上がりましたよね。

桑畑　グンちゃん本人はTEAM HとかDJの活動もやっていて、ファンがミックスされているわけなんですよね。『美男（イケメン）ですね』にバンドのCNBLUEとFTISLANDのメンバーが出ていたのが象徴的ですが、演技アイドル（演技ドル）が台頭してきました。

演技ドルの中でも、特に成功したのはパク・ユチョンです。彼は東方神起の元メンバーで、グループが分裂してから地上波での露出が難しい中で、テレビに出続けました。やはりメン

*パラグライダー中の事故で北朝鮮に不時着した韓国の財閥令嬢。軍人の家に隠れて住むうち、二人に恋愛感情が芽生え――。主演のヒョンビンとソン・イェジンが結婚したことでも話題になった。

**チャン・グンソクとサウンドプロデューサーBIG BROTHERの二人による、ダンス・ミュージック・ユニット。

バーのキム・ジュンスは、テレビではなくミュージカルに活路を求めた。ついここ数年ですよね。表舞台に胸を張って戻ってこられたのは。

まつもと　K－POPスターのドラマでの活躍が目立つようになってきたのが第二次。

桑畑　そうですね。ドラマにK－POPのアーティストが出ることがトレンドになっていて、演技ができる人はこぞって出ていましたよね。ソロ活動の一つでもあるし、自身の幅を広げるためでもあるし、徴兵を見据えて、ドラマなら芸能活動の経歴が長く残りやすいと考えて入隊前に出演する人もいました。ドラマの制作側も、視聴率をとるためにキャラが立つ人を入れたいという意図があって。

――「演技ドル」は男性中心だったんですか？

桑畑　第二次の「演技ドル」で最も有名な女性は、少女時代のユナ。

まつもと　彼女の出演した映画『EXIT』*（二〇一九年）は韓国ですごくヒットしたんです。

桑畑　ドラマが日本化していくところもありました。二〇一〇年には『IRIS（アイリス）』**（二〇〇九年）が、韓流ドラマで初めてTBS系列で水曜夜九時という時間に放送されました。それまではCSとかBS、地上波でも深夜か昼間だったのが、ゴールデンタイムで放送されたことがエポックメイキングだったんですね。

八田　ロケ地が秋田で、韓国からかなりの観光客が押し寄せたことも話題になりましたね。

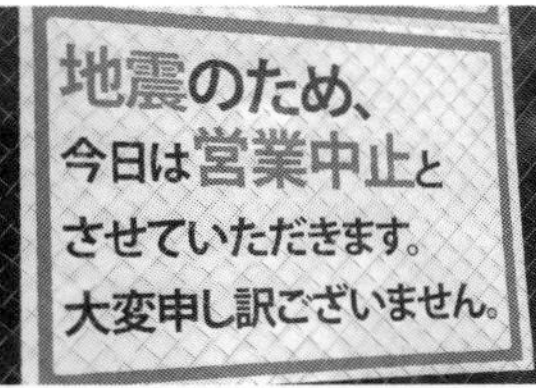

東日本大震災直後の新大久保の様子（いずれも八田靖史提供）

桑畑　ちなみにヒョンビンのブームが第一次ブームの末期にもあって。『私の名前はキム・サムスン』とか『シークレット・ガーデン』***とか、人気を得ていた最中、二〇一一年に兵役に就きました。

韓国人の肌はなぜきれい？

八田　第二次ブームの中で局面が変わったタイミン

＊上昇してくる有毒ガスから逃れるべく、地上数百メートルの高層ビルを登り続ける脱出劇。主演は少女時代のユナとチョ・ジョンソク。

＊＊国家安全局で活躍する主人公に、北朝鮮最高人民会議委員長の暗殺という危険な単独任務が与えられる。韓国のトップスター、イ・ビョンホンとキム・テヒの共演で話題に。

＊＊＊裕福なCEOと貧しいスタントウーマンの魂が、ひょんなことで入れ替わることから始まるラブストーリー。ヒョンビン、ハ・ジウォン主演。

左は新大久保「ソウル市場」の冷凍サムゲタン。右は同じく新大久保でコスメショップに並ぶカタツムリクリームなど（2011年）（いずれも八田靖史提供）

グとしては、二〇一一年三月の東日本大震災も要因の一つではあったと思います。当時の新大久保が象徴的だったのですが、韓国人のスタッフがみんな帰ってしまって、飲食店が立ち行かなくなってしまうんですね。

まつもと　親が心配して帰らせたという話ばかりでしたよね。

八田　飲食店が抜けたところに、少人数のスタッフで運営できるコスメショップが入っていったのがその年の大きな変化でした。K-POPブームでガールズグループに注目が集まったこともあって、「韓国の女性はなぜあんなにきれいなんですか？」と美容法やコスメにも関心が向いたんですね。「BBクリーム」とか「カタツムリクリーム」とか「ヘビ毒クリーム」とか、価格は手ごろながらキャッチーなネーミングのコスメがいっぱい入ってきて。

　メディアでもIKKOさんが「新大久保は面白い」と熱心に紹介していて、コスメだけでなく、韓国スーパーの冷凍サムゲタンを『笑っていいとも！』で紹介して、爆発的に売れたりもしていました。当時はまだ身近なスーパーには韓国料理関連の商品が少なく、自宅で本格的なサムゲタンを食べられるのはすごいことだったんですよね。そのサムゲタン自体もコラーゲンの豊富な薬膳料理で、第二次ブームの食はガールズグループが象徴する韓国人の美と健康が大きなキーワードだったと思います。

まつもと　韓国観光名誉広報大使にIKKOさんが就任したのが二〇〇九年です。はるな愛さんは二〇一三年。

――韓国観光公社に委嘱されて、韓国のPRをするんですよね。IKKOさんは二〇〇八年頃から「明洞（ミョンドン）いいわよ」と韓国にハマっている話をテレビでしている。その中で、BBクリームを日本に広めたことでも知られます。

桑畑　化粧品の消費者は女性が中心ですよね。でも二〇一一年頃にグンちゃんやクォン・サンウら人気の男性俳優が化粧品のモデルになった。お肌きれいですから。「THE FACE SHOP」*がイオンのような大型ショッピングモールにも出店するようになりました。

マッコリは振って飲んで

---

*二〇〇三年に誕生した韓国の自然派コスメブランド。

左から順に、サントリーの「ソウルマッコリ」と「CJ おいしいマッコリ〈ピンクグレープフルーツ〉」。KARA が広告塔を務めた紅酢ととうもろこしひげ茶（いずれも八田靖史提供）

——食の動きはどうでしたか。

八田　先ほどの冷凍サムゲタンがまずひとつ。それと、チャン・グンソクがサントリーの「ソウルマッコリ」のCMに出て、真っ白いセットの中で、真っ白い服を着て、マッコリは振ってから飲むんだよ、と教えてくれたのが二〇一一年二月のことでした。マッコリは第一次ブームのときに日本で盛り上がったのが韓国に飛び火して、日本で売れるぞと大手メーカーがこぞって参入したのがこの時期ですね。ほかにもKARAが、果実酢の「紅酢（ホンチョ）」や「とうもろこしひげ茶」の広告塔になっていたり、韓国農水産食品流通公社のCMで、メンバー一人ひとりがキムチ、マッコリ、パプリカ、柚子茶、水産物（ヒラメ、アワビ、海苔）の紹介をしていました。単なる料理だけでなく、韓国の芸能人を通じて幅広い食文化が伝えられたのがこの時期ですね。

桑畑　二〇一一年に紅酢が『日経トレンディ』のヒット商品ベスト三〇で一八位に入りました。K-POPも二一位に。『冬のソナタ』以来、久しぶりに韓国のものがランクインしたんです。
八田　この時期は若い世代に韓国関連の商品が浸透し始めた最初のタイミングではなかったかと思います。二〇一〇年頃から流行った「Market O リアルブラウニー」というお菓子があるんですけど、製造メーカーであるオリオンの日本支社に取材に行って「どこのお店を取り上げたらいいですか?」と聞いたら、「ライフスタイルストアの『ITS'DEMO』でめちゃくちゃ売れています」と。そこで新宿店を取材したら販売担当者さんが、「最近はK－POPに関心を持つ若い方々も多く、コミュニケーションツールのようになっています」と教えてくれました。K－POPから韓国に興味を持った人たちが流行りのお菓子にも手を伸ばしていく流れは、第二次ブームのこのあたりに原点があったんでしょうね。

新宿「ITS'DEMO 新宿店」に陳列される「Market O」（八田靖史提供）

　ちなみに「韓流が仕事になるぞ」といろんなメディアや企業が乗ってくるのもこのあたり。二〇一一年五月に西武池袋

『コーヒープリンス1号店』にちなんだ名前の店のワッフル（八田靖史提供）

本店が韓国フェアをしたんですが、デパートでの本格的な韓流フェアは初の試みだったそうです。

桑畑　ブラウニーって、そもそもアメリカのお菓子じゃないですか。でもアメリカのブラウニーより軽くて食べやすかった。パッケージもクールな色合いで、韓国っぽさがあまりなかった。そういう売り方だったんですよね。

八田　コンビニでも個包装の商品が売られていますが、商品名も英語なので韓国のものとは知らなかったら気づかないですよね。ごく自然な形で浸透しているのに衝撃を受けました。韓流ファンにとっては、パク・ヨンハ*がこのブラウニーが大好きで、イベントごとに配っていたことから、日本でも有名になっていったんです。

あと、この時期は、新大久保にもスイーツ自慢の韓国カフェができ始めました。ドラマ『コーヒープリンス1号店』にちなんだ名前の店があって、ワッフルとか、パッピンス（氷アズキ）とかを出していたんですけど、イケメン韓国人の店員さんが接客して

新大久保のイケメン通り（2012年1月撮影、八田靖史提供）

くれるということで、もっと話題になりました。他にもイケメン店長のいるカフェバーとか、イケメンスタッフが手を握ってくれるハンドリフレクソロジーとかが続々とオープンして、あちこちでイケメンマーケティングが盛んでしたね。

まつもと　イケメンに会える、というのが話題になっていた。

八田　新大久保に小規模なライブハウスができて、新大久保発のK－POPアイドルが「会いに行けるアイドル」として人気を集めたりも。AKBのような流れがありましたね。

桑畑　新大久保がイケメンに会える街になっていったわけですね。

八田　大久保通りから職安通りに抜ける路地に「イケメン通り」と名前がついたのがこの時期ですからね。調べてみたんですが、誰が最初に言ったのかはわからない。命名者がはっきりしないまま定着しました。

＊俳優、歌手。『冬のソナタ』でペ・ヨンジュン演じるチュンサンの恋敵役を演じ、日本でも人気になった。二〇一〇年に死去。

桑畑　イケメン通りに人がいっぱいで歩けなくなったこともありましたね。

まつもと　韓国のグループがライブハウスで定期的に公演をやっているので会いに行ける、というのが雑誌にも出るようになった時代でした。

桑畑　その中で言うと、当時テレビや雑誌に取り上げられて「新宿の東方神起」とも呼ばれたKINO*が一番成功したかもしれない。

八田　昨日まで新大久保の韓国料理店で店長をしていた人が、このブームでアイドルとしてデビューしたりもしました。

桑畑　それであっという間にいなくなっちゃう。

韓流と言わないで？

桑畑　一橋大学大学院准教授のクォン・ヨンソクさんの本『「韓流」と「日流」文化から読み解く日韓新時代』（二〇一〇年）によると、当時マーケティングで「韓流」という言葉を使わないようになっていたんですって。私も当時、韓流四天王と言われた俳優のひとりを紹介する記事で、「韓流という言葉を使うのは避けてください」って言われたりしました。K－POPもありますよね？

まつもと　ずっとあったんですけど、このあたりから韓国色を出さないでくれとか、使ってはいけない「ＮＧワード」をいくつか言われるようになりました。やがてそれが当たり前になっちゃった。

――イメージが固定されるからですか？

桑畑　コアなファン向けというよりも、ファッション雑誌や一般誌の読者層に売りたいという意図があったのかもしれません。

まつもと　今、ネットであの頃の記事を調べても、表面的な内容のものが多い気がする。けっこうチェックが厳しかったですね。

大統領の竹島上陸、ブームの終焉

――第二次ブームに冷や水を浴びせたのは二〇一二年八月、李明博大統領（当時）が竹島に上陸したことがきっかけだったと言われます。政治問題にＫ‐ＰＯＰファンが影響されたということでしょうか？

まつもと　Ｋ‐ＰＯＰに限って言えば、竹島訪問のあたりで一時的に勢いがなくなったのは事実です。少女時代やKARAの活躍後に日本進出したアイドルがどれも目新しさがなかっ

＊留学生出身の五人組ボーイズグループ。二〇一〇年に結成、翌年解散。

たこともあるんですけど、竹島問題で大きくクールダウンしたのは否めないですね。その前後で番組編成や演出が韓国寄りだとフジテレビを批判するデモが起きたり、新大久保で「在日特権を許さない市民の会」がヘイトデモをやったりして、かわいいとか、踊りたいという感覚だったライト層の人たちに「怖い」というイメージを連想させてしまったんですよね。第三次、第四次ブームになってくると「それは関係ない」という層が出てくるのだけど、まだ当時は韓国について知ろうとしていた時期だったので、出鼻をくじかれた感じがあります。

八田　新大久保はその年五月の取材で、開業したばかりの東京スカイツリーに客をとられたなんて声があって。そもそも三月の春休みが終わったあたりで実は、ちょっとまずいんじゃないかという気配がありました。ブームがひと段落してしまっていたところへ、泣き面に蜂みたいな状況でしたね。

桑畑　新大久保に人がいなくなったとき、夏だったじゃないですか。暑いからサムギョプサルを食べる人がいなくなったのかなと思ったんですけど、実はもっと根深いものがあった。新大久保の屋台でホットク（黒砂糖の蜜を入れたお焼き）がすごく売れてたのが、李明博大統領の竹島上陸の後に売れる数がめちゃめちゃ減ったと新聞に載っていました。

まつもと　K－POPはKARAと少女時代に続く、次の決定的なものがなかったところに、竹島上陸の話題が来てしまった。でもアイドルのCDはそれなりに売れていたし、サイン会

新大久保のホットク店と焼いているところ（いずれも2011年1月撮影、八田靖史提供）

をすれば人が並ぶし、ライト層の騒ぎ方が静かになっただけで、ベーシックなところはずっとありましたけどね。

八田 ライブは目に見えてなくなったんですか。

まつもと 単発で、しかも公的機関が絡んでいるようなイベントは減ったと思います。

桑畑 広告からなくなっていくんです。コンビニで化粧品からパンまでグンちゃんが起用されていた頃がありましたが、そういうのが一気に消えました。

まつもと 確かに、広告から消えていきましたね。

桑畑 次に地上波から消える。ただＢＳ、ＣＳやライブは好きな人が集まる場所だから、意外となくならない。逆に人がそれなりに来たりする。

まつもと 単にメディアにあまり出なくなったというだけで、東方神起やBoAの頃から、熱心にＫ－ＰＯＰを聴く層はずっといて、着々と増え続けていったと思います。

桑畑 Ｋ－ＰＯＰのライブの数は二〇一二年がピークと思いきや、

四六二回。その後、二〇一三年で七五七回、二〇一四年で九一九回と、どんどん増えている。*
東方神起やBIGBANGは、日本のアーティストを含めた年間のライブ動員者数の上位にきていました。

まつもと　ビッグネームはちゃんとがんばっていたんですね。

桑畑　ただ、新人が上陸する機会が減ってしまった。それまでは雑誌の韓国特集で、新人アーティストが東京の街を散歩するという企画などで露出していたのだけど、地上波のバラエティーに出る機会もなくなってしまい、新しい人が出づらくなったというのはあります。ドラマも地上波ではほぼオンエアしなくなってしまったので、コアな層はお金を払ってBSやCS、レンタルビデオなどでどんどん見るのだけど、新しい人が見る機会がない空白の時代でした。

まつもと　PSY（サイ）**の『江南（カンナム）スタイル』が世界的に大流行したのは、李明博大統領の竹島上陸で韓流人気が沈みかけた頃のヒットなんですよ。日本では『六本木スタイル』というタイトルで大々的に売り出そうとしていたけど、そうはならなかった。

――日本ではオリエンタルラジオを中心に結成されたダンスボーカルグループRADIO FISHが『PERFECT HUMAN』という、似たテイストの曲を出しました。

まつもと　今の定番のスタイルとなっているエレクトロニックダンスミュージック（ED

M）を、韓国は昔から積極的に取り入れていた。PSYの『江南スタイル』が世界でヒットしたのは、ＥＤＭをいち早く取り入れたという、そこなんですよね。日本では体質的にいまいち合わなかったのか、取り入れるのが遅かった。とはいっても、その間に韓国のボーイズグループが頑張って、BIGBANGを筆頭に衰えぬＫ‐ＰＯＰ熱があった。第三次、第四次ブームにつながるＫ‐ＰＯＰのＥＤＭの良さに多くの日本人が気付いたのは、BIGBANGの音がきっかけだったと思います。

——BIGBANGもSHINeeも、みんな日本語で歌っていました。日本のマーケットを重視していたんですか。

まつもと　ＳＭエンタテインメントは特に

2017年のBIGBANGの東京ドームライブ（桑畑優香提供）

＊コンサートプロモーターズ協会調べ。

＊＊韓国のラッパー、ソングライター。二〇一二年に発売された六枚目のフルアルバム『PSY 6甲』の『江南スタイル』が世界的にヒットし、YouTubeの再生回数は五〇億回を突破した（二〇二三年一二月現在）。

そうだと思います。世界に目を向けつつ、最初の成功の足掛かりをまず日本でつかもうとした。BoAと東方神起を経て、K-POPが本格的に世界を視野に入れるのは、少女時代が日本に上陸したあたりから。その他の事務所でも一生懸命に日本語を勉強させたという話を聞いたことがありますよ。余談ですが、当時勤めていた会社で福岡勤務だった時にローカル番組をたまたま見ていたら、地元の公園でお花見する東方神起を紹介していました。そんな仕事もしていたんですね。

《第二次ブームまとめ》

・第二次ブームの盛り上がりは二〇一〇〜一二年頃。ブームの終わりには当時の李明博大統領が竹島に上陸したことが影響した

・日本の音楽シーンでK-POPが見過ごせないほど大きなものになり、「シーン」が生まれた。二〇一〇年にKARAと少女時代が日本デビューしたことで導火線に火が付いた

・時代劇が根強い人気を獲得しつつ、K-POPのアーティストが俳優業をする「演技ドル」が活躍し、音楽と映像作品との交流が深くなった。この時期の代表的な「演技ドル」として、チャン・グンソク、少女時代のユナ、パク・ユチョンなど

・韓国料理は美容と健康によい部分が注目された。チャン・グンソクがサントリー

の「ソウルマッコリ」のＣＭに出たり、紅酢が『日経トレンディ』のヒット商品ベスト三〇にランクインしたり、雑貨店やコンビニで「Market Ｏリアルブラウニー」が売れたりするなど、韓国の商品が浸透してきた

〈K‐POPの未来予測コラム〉
韓国におけるJ‐POPの流行は続くか？

まつもとたくお

仕事柄、K‐POPアーティストが日本で行うコンサートやイベントを取材する機会が多い。ステージ上では、歌やダンスに加えてトークコーナーも必ずと言っていいほど設けられるが、そこでの話題はやはり日本に関するものが中心だ。定番は「(総合ディスカウントストアの）ドン・キホーテに行って楽しかった」「すしや天ぷら、すき焼きが美味しかった」といったところだろうか。だが最近はそれだけでなく、J‐POPを積極的に語ることが増えてきた印象がある。

先日レポートを書いた某K‐POPボーイズグループの公演でも「日本の音楽が好きだ」と熱弁する場面があった。メンバーらのJ‐POPフェイバリットソングは、あいみょんの『マリーゴールド』とレミオロメンの『3月9日』。それぞれのサウンドの魅力を話しつつ、サビをクリアな日本語で歌う姿は実に楽しそうである。

似たようなケースは二〇二〇年代に入ったあたりから目立つようになり、imaseの『NIGHT DANCER』や藤井風の『死ぬのがいいわ』など、日本人からすると意外に思うJ－POPをK－POPアーティストが紹介するのを何度となく見てきた。

彼ら・彼女らはこうした音楽をどこで知ったのかといえば、一般のリスナーと同じくSNSや動画配信サイトだ。インターネットの急速な発展が私たちの環境や思考に影響を与えたのは言うまでもない。当然のごとく音楽に関しても、従来の見方や聴き方を「それでいいのか？」と揺るがしている。なかでもTikTokは世界中の人たちに大きな刺激を与えており、国境を越えてロック／ポップスへの関心を高めるきっかけにもなっている。あいみょんやimase、藤井風などの日本の楽曲が韓国の人たちの間で注目を集めたのも主にTikTok経由だったと言われている。

TikTokはショートフォーム動画を手軽にアップできることから急速に普及し、若者の間でのトレンドを生み出す重要なツールとなった。ネット上で注目を集めやすいのは、短時間でインパクトを与える動画である。となると、サウンドはできるだけ簡潔に、なんだったらAメロやBメロをなくして、いきなりサビでもOK、ギターソロなんてもってのほか。そんな曲が好まれるようになる。

韓国のヒットチャートに入る曲も、TikTokを意識したとおぼしきサウンドメイクが急増中だ。具体例をあげると、ワールドワイドな人気を誇るガールズグループ、NewJeansやLE SSERAFIMが発表した最近のアルバムは収録曲すべてが二分台で、RIIZE（ライズ）やBOYNEXTDOORといった旬のボーイズグループの推し曲も三分を超えるものがあまりない。いずれもサビのフレーズを強調し、できるだけ余計な音は入れないのが今どきのヒットソングなのだと言わんばかりの仕上がりだ。ネットやスマホで音楽を聴いて、瞬時に好き嫌いを判断するリスナーが多くなった昨今、こうした流れはますます加速していくと思われる。

なんとなく悲観的に読んでいる人もいるかもしれないが、私はこの状況を案外悪くないと思っている。現代の若者たちは上の世代とは異なるアプローチで音楽を楽しんでいるに過ぎない。BTSが良い例だろう。彼らが作る音楽は大衆的で長尺なものはさほどないが、ところどころに気になるワードや表現がちりばめられている。それが何を意味するのだろうかと踏み込むと、さらに奥に進める次の扉（関連の資料や動画など）が用意され、入ったとたんに彼らの世界観に魅了されてしまう。

つまり今は、音楽を深く楽しむためのヒントがサウンド以外にもたくさんあるということだ。TikTok的な音作りはアーティストの名刺のようなもので、気になったリスナーが追求するための入り口にもなっている。Ｊ－ＰＯＰはＫ－ＰＯＰのような短い曲はそれほどないものの、メリハリのあるソングライティングが功を奏して印象的なフレーズが比較的多く、該当する部分を切り取って「歌いました」「踊りました」的な動画がネット上でたくさんアップされている。韓国のリスナーはそれをたまたま見て、ではフルバージョンはどうかと調べると、他にも良い曲が見つかり、すっかり虜（とりこ）に。そしてリアルに会いたくなって来韓コンサートの会場へ足を運ぶ――。今後はこうした傾向が強まり、韓国におけるＪ－ＰＯＰの存在感も大きくなると見ている。

以上のように予測をしつつも、実は少し前までは「Ｊ－ＰＯＰはこのままではダメだ」と思っていた。かつて作詞家の秋元康氏はTOKYO FMの番組『いいこと、聴いた』（二〇二一年一一月一四日放送）で、これからのＪ－ＰＯＰについて次のように語っている。

「『アメリカっぽいもの』を作ったら負けると思うんです。『鉄棒理論』とよく言うんですが、小学校のときにドッジボールをみんながやっていて、ちょっと出遅れるとドッジボールに入れない。しょうがないから鉄棒で遊んでいて、自分たちで面白い遊び方を生み出して盛り上がっていると、ドッジボールをやっていた連中が鉄棒に入れてくれとやってくる。あの〝鉄棒〟を作らないと勝てないと思います」「今は校庭の一番良いところで韓国がドッジボールをやっているわけだから、日本がドッジボールに参加しようと思っても無理です」

この放送を聴いたときの私は、「素直にドッジボールに参加したらいいじゃないか」と納得できなかった。しかしながら、確かにここ二、三年は前述のアーティストたちやYOASOBIなど、鉄棒理論で海外に進出した日本人が続出している。秋元氏の視点はズレていなかったと認めざるを得ない。

とはいえ、一方でドッジボールに加わって成功を収めた者もそれなりにいる。韓国式のオーディションを経て誕生したNiziUやJO1、INIは代表的な存在だろう。鉄棒とドッジボール、J-POPがどちらの方法を採っても韓国のヒットチャートに食い込む確率は高くなってきている。日韓のポピュラーミュージックの新しい時代はすぐそこまで来ているのだ。

座談会収録風景。左より、まつもとたくお、吉野太一郎、八田靖史、桑畑優香。

第三章

第三次ブーム（二〇一七〜一九年頃）

——世界進出への道

個人インフルエンサーの時代が到来

桑畑　第三次ブームが始まったと気づいた頃、現代ビジネスで「インスタ女子の間で『#韓国人になりたい』流行中の意外と深イイ理由」という記事*を書きました。韓国ファッションのお店に一〇代、二〇代の人がいっぱい集まっていると編集者が言っていて、源流は何かと取材したら、インスタグラムだったんです。日本で「インスタ映え」という言葉がユーキャン新語・流行語大賞の年間大賞になったのは二〇一七年で、「映える」洋服とか食べ物、コスメが日本で流行りはじめたのがその頃。Ｋ－ＰＯＰの練習生になりたい子たちが育っていたり、映えるマカロンといったものが韓国で出始めたりした時期。

八田　インスタグラムの影響は大きかったですよね。その年から始まったＪＣ・ＪＫ流行語大賞でもアプリ部門の一位を「インスタグラム（ストーリー）」が取っています。モノ部門の一位が「チーズタッカルビ」、ヒト部門の一位が「TWICE」なので、第三次ブームをよく象徴しているように思いますね。

左から東京・原宿に進出したファッションブランド「スタイルナンダ」の店内に設置された撮影スポット（2017年撮影）。竹下通りで売られていたＺ世代向けの韓国コスメ（2018年撮影、いずれも桑畑優香提供）

トレンドの韓国コンテンツを取り入れつつ、ＳＮＳで発信すると「いいね！」がいっぱい付く。象徴的なキーワードとなったのが「オルチャン」で、これは本来二〇〇三年頃に韓国で流行った美人、イケメンを指す単語だったのですが、「オルチャンメイク」「オルチャンファッション」「オルチャンコーデ」など、韓国的な「かわいい」を総称する単語として独立していきます。そんな韓国のかわいくて、映えるトレンドをいち早く取り入れて発信することが、ある種のステータスとなって、みんなが盛んに発信したので、食で言えばＳＮＳ映えするチーズタッカルビが急拡散していきま

＊ https://gendai.media/articles/-/53725

した。

――韓国料理のタッカルビにチーズをトッピングした「チーズタッカルビ」は、溶けたチーズの伸びる様子が「映える」と人気を呼び、新大久保発のブームになりました。

八田　チーズタッカルビは二〇一六年末ぐらいからメディアに出始めて、二〇一七年にそれ一色になります。

桑畑　消費者目線で言うと、とくに承認欲求といったものがSNSで言われ始めた頃。取材で話を聞いた中に、韓国のコスメとか食べ物をアップすると「いいね！」がいっぱいもらえるからうれしいと、SNSにアップしているうちインフルエンサーになって、読者モデルになったり、自分のブランドを立ち上げたりしたいという野望を持っている一〇代、二〇代がいたんです。『ViVi』という雑誌の読者モデルに「なぜ韓国が好きになったの？」と聞くと、「KARAとか少女時代を小学生や中学生の頃に聴いていて、ファッションやコスメを真似てあんなふうになりたい」と。感度の高い若者に広がっているのかなと思いました。

八田　当時、キュレーションメディアが伸びていて、身近なトレンドを発信する高校生ライターが出てきて、発信する人と受信する人が同じ世代になっていたんですよね。

桑畑　プロのライターが書くものとはまた違う、目線が近い記事を発信し始めた。お店もインスタグラムを意識して店内に「映えスポット」みたいなものを置いたり、インスタにいかにカッコよくコスメを載せるかに力を入れていくようになった。

八田　それが新たな現象として、大人の目に見えてくるのが二〇一六年の終わり頃からだと思うのですが、そうなると当事者世代の始まりはもっと早いはずなんです。二〇一五年は日韓国交正常化五〇周年で、年末に慰安婦問題の解決で日韓政府が合意したものの、政治的にはどん底の年じゃないですか。そのあたりに第三次の芽があったと考えると興味深いです。

桑畑　二〇一七年に誕生した文在寅(ムンジェイン)政権が、慰安婦問題日韓合意について安倍首相に「国民の大多数が心情的に合意を受け入れられないのが現実」と伝え、両国の間に暗雲が漂っていました。ちょうどその頃に、第三次ブームが同時多発的に芽生えていたんですね。

まつもと　桑畑さんの「#韓国人になりたい」の記事が現代ビジネスに出た時は、「本当なの？」みたいな雰囲気があったじゃないですか。

桑畑　ヤフーに転載されたときのコメント欄に「この人おかしいんじゃないか」という意見がたくさんつきました。第三次ブームが世の中に完全に認められたのは二〇一八年ぐらいだと思いますね。揶揄(やゆ)するコメントがほとんど来なくなったんですよね。

日本の韓国料理のチーズ化

八田　チーズタッカルビのブームを知ったときは結構あわてましたよ。気付いたときには完

左からチーズタッカルビとチーズトゥンカルビ（いずれも八田靖史提供）

全にできあがっていて、いつの間にそんなことになっていたのかと。

——そもそもチーズタッカルビは日本独自のもの？

八田　韓国で二〇一四年に、豚のバックリブをチーズにつけて食べる「チーズトゥンカルビ」が流行って、チーズタッパル（鶏の足）、チーズチョッパル（豚足）、チーズタッカルビといろいろ出てきて当時の韓国料理はチーズまみれでした。日本生まれという説もありますが、私はそのブームに関連して韓国から入ってきたものと解釈しています。

二〇一五年頃から新大久保でも提供する店がちらほらと出てはいたのですが、二〇一六年の上半期に「市場（シジャン）タッカルビ」が火付け役となって人気が急拡大していきます。

桑畑　今でも食べている人が結構いますよね。

まつもと　韓国料理というと、とりあえずチーズタッカルビが食べたい、ってなっちゃってますよね。流行りとかじゃなくて定番化してるのかな。

チーズハットグ（八田靖史提供）

八田　そのおかげで日本の韓国料理は全部チーズになってしまいました（笑）。先ほどのＪＣ・ＪＫ流行語大賞でチーズタッカルビが一位を取ったあと、翌二〇一八年上半期のモノ部門一位は「チーズドッグ（チーズハットグ）」が取っています。韓国料理といえばチーズという時代がやってきて、それを若い世代が牽引する図式が周知されていきました。いまや韓国料理で検索するとチーズ系のものがいっぱい出てきます。

――ここまで根付いたのは「映え」と関係あるんでしょうか。

八田　映えは大きな要素ですが、それだけでもなかったかと。

桑畑　タッカルビは作りやすいですよね。たとえば、サムゲタンをうまく作るのは値段の割に手がかかるけれど、それに比べると手軽に作れて満足感がある。そして材料が安い。牛肉料理だと肉の質によって出来が左右されてしまう。

八田　タッカルビ自体がすでに日本で知られていたのも大きかったと思います。韓国でのチーズブームを受けて二〇一四年の下半期には新大久保でチーズトゥンカルビを始めた店があったんですが、トゥンカルビという料理に馴染みがなかったからか、そのまま定着はしませんでした。知らない料理にはなかなか手が伸びないですしね。

第一章でも少し触れましたが、まだ韓流ブーム前の二〇〇〇年代前半に日本でタッカルビのブームがあったんです。全国に五〇店舗ぐらいを展開したタッカルビチェーンがあったり、デニーズのメニューにタッカルビが入ったり、ファミリーマートにも商品が並びましたし、味の素やミツカンからは家庭用のタッカルビの素がでましたね。それを考えると、『冬ソナ』のロケ地巡りで注目されたのがタッカルビにとっては第二次ブーム。第三次がチーズタッカルビだと思っています。

まつもと タッカルビは、すでに知名度があったところにチーズが来た、ということですね。

八田 日本での知名度に、SNS映えと、若い世代の発信力が重なって、日本における韓国料理のイメージを変えるまでになりましたね。

まつもと 映画『パラサイト』で注目された台湾カステラって、韓国ではいつ頃流行ったんですか。

八田 二〇一七年ですね。

桑畑 今はあまり見ないですよね。

八田 テレビ番組でバターのかわりに安価な食用油を使っていると批判され、それ自体は台湾での製法と同じで問題ないはずだったのですが、悪いイメージが広がったおかげで急速にブームがしぼんでしまいました。『パラサイト』では台湾カステラの店をやって失敗した家

左から、台湾カステラとチャパグリ（いずれも八田靖史提供）

族といった形で登場していました。それとは別に登場したチャパグリ*が話題となって第四次ブームを牽引するのですが、ちょうどその二〇一八～一九年が切れ目になる感じですね。

総編ができてドラマが多彩に

——第三次ブームは日韓関係が完全に冷え切ったと思われた中で始まっていきますが、この時期のドラマはどのようなものがあったのでしょう？

桑畑　次に来る第四次をコロナ禍でネット配信の作品がヒットした二〇二〇年以降とすると、それまでの時期のドラマは目に見える爆発的なヒットがなかった感じですね。地上波では放送自体があまりなくて、ネットフリックスでイ・ビョンホン主演の『ミスター・サ

＊韓国のインスタントラーメン「チャパゲティ」と「ノグリ」を掛け合わせた料理。それぞれの商品名の一部を合わせて「チャパグリ」と呼ばれる。ブーム以降には両者を掛け合わせた商品も発売された。

ンシャイン』（二〇一八年）などやっていたのですが、日本の植民地時代の話で難しい内容ではありました。一方で韓国では、二〇一一年に「総合編成チャンネル」が開局してからドラマの毛色が変わったんです。

――韓国は地上波の放送局が三社しかなかったんですけど、それ以外のチャンネルが二〇一〇年代から劇的に増え出すんですよ。その一部が総合編成チャンネル（総編（チョンピョン））。最初はケーブルテレビだったのが、今はインターネット回線で一〇〇チャンネル以上、地上波と区別しないでみんな見ていますね。

桑畑　地上波では、ホームドラマなどすべての世代が安心して見られる内容のドラマが多かったけれど、総編ができてから科学捜査など骨太の話も扱うようになり、若い男と年上のマダムが不倫する話とか、地上波で出すとぎょっとするような、これまでタブーだったような話が出てくるようになったんです。

総編は小さな局が多くて、予算も地上波に比べると少なかったのですが、そういうところがいろんな世代に特化したドラマを作り始めるんです。『応答せよ』シリーズみたいなニッチなものは、逆に地上波だったら作られなかったかもしれない。

八田　象徴する作品にはどのようなものがありますか？

桑畑　初めてヒットが出たのは二〇一二年から始まった『応答せよ』シリーズでしょうか。

一九八〇年代末から九〇年代を舞台に、高校生や大学生の恋愛や家族模様を描く三部作。一見地味な内容ですが、心温まるストーリーがノスタルジアをかきたててヒットしました。契約社員の成長ストーリーが共感を呼んだ『ミセン─未生─』も。『恋のスケッチ～応答せよ1988～』[*]はパク・ボゴム[**]の出世作です。

──ただ、日本では当時、爆発的な人気を呼んだわけではありませんでした。

桑畑　日本ではケーブルテレビなどで放送されるだけだったので、大衆にはなかなか届かなかったですね。主に地方局で放送されていた時代劇と、CS・BSで、韓国ドラマファンの心はとらえていました。ただ、地上波ではやらないしプロモーションでも俳優があまり来日しないので、ヨン様とかイ・ビョンホンとかヒョンビンとか、「この人が来ればホールが埋まる」というようなスターが生まれにくかったんですね。二〇一二年から七、八年は、けっこう冬の時代でした。

＊『応答せよ1997』『応答せよ1994』に続く『応答せよ』シリーズの三作目。オリンピック開催年の一九八八年のソウルを舞台に、幼なじみの男性三人と一人のヒロインが繰り広げるラブコメディー。

＊＊同作でブレイクし、俳優、歌手として活躍。代表的なドラマに『ボーイフレンド』『雲が描いた月明り』『のだめカンタービレ～ネイル カンタービレ～』など。

まつもと　『星から来たあなた』*は？

桑畑　二〇一三年の作品ですね。主演のキム・スヒョンが来日はしましたが、大衆的なブレークにつなげるのは難しかった印象です。

――K‐POPにしてもドラマにしても、PSYは完全に日本を飛び越えてアメリカを見ていたし、『星から来たあなた』は中国で先に大ヒットしたので、日本で話題にならなくても中国があるから気にしなかった。そういう意味で、韓国コンテンツの「ジャパンパッシング」（日本素通り）が始まった頃かもしれないですね。

まつもと　確かにK‐POP的にも、日本でブームが落ち着いてしまったから、中国に行こうと興味を持ち始めたのかもしれない。EXO（エクソ）**もそうした流れを意識したグループだし、二〇一六年にデビューした宇宙少女***も中国人が当初三人いた。

桑畑　SEVENTEEN****も中国出身のメンバーがいますね。

まつもと　でも、韓国のTHAAD配備問題*****で中韓関係が悪化すると、中国の市場から政策的に締め出しをくらってしまったので、やはり日本の方がやりやすい、となったという流れもあると思いますね。

桑畑　その頃にアメリカで手応えが出てきたからアメリカファーストにしようという、揺れ動きもあったと思います。

――まさにそれがBTS（防弾少年団）だったわけですよね。K－POPが日本で谷間だった二〇一四年に、BTSは日本デビューしています。

まつもと　二〇一三年に韓国でデビューして、ほどなくして日本デビューもしてるんですよね。

桑畑　当時、韓国の芸能事務所の関係者から、日本は今、厳しい状態だけど、世界第二位の市場だしアタックし続けると聞いたことがあります。BTSの場合はポニーキャニオンと組みました。

＊素性を隠しながら地球に暮らす宇宙人がある日、トップ女優と出会い、初めての恋に落ちていくというユニークな世界観が話題を呼んだ。ヒロインを演じたのは『猟奇的な彼女』のチョン・ジヒョン。

＊＊SMエンタテインメント所属の男性アイドルグループ。二〇一二年に韓国と中国で、二〇一五年に日本でデビューした。「未知の世界から来た新たなスター」がコンセプト。

＊＊＊一〇人組女性アイドルグループ。宇宙がコンセプトで、メンバーそれぞれに担当の星座がある。

＊＊＊＊二〇一五年に韓国デビューした一三人組の男性アイドルグループ。二〇一二年からデビューまでの過程を公開し、ファンを獲得した。

＊＊＊＊＊二〇一六年、韓国が米軍の地上配備型ミサイル迎撃システム（THAAD）配備を発表したのに対して中国が貿易などを制限し、両国関係が冷え込んだ。

日韓台混成グループTWICE

まつもと　日本におけるK－POPの盛り上がりが表面的には「底だな」と感じていたところ、二〇一五年にTWICE*が韓国でデビューしたんですよ。その翌年の二〇一六年から『TT』**が売れ、曲を出せば社会現象になるほどに人気になった。二〇一七年二月から日本でも本格的に活動を開始しました。

八田　TWICEの日本デビューで第三次ブームが始まったという解釈をたまに見るんですけど、オルチャンメイクのブームが二〇一五〜一六年にかけてすでに盛り上がっているので、第三次ブームはもっと前から始まっていて、そこにK－POPも連動していったのが正解かなと思います。

まつもと　二〇一七年の八月にBLACKPINK***が日本デビューするんですよ。だからその二組が第三次の象徴のように言われます。

桑畑　韓国デビューから日本デビューするまでの期間が短くなっていますよね。以前はメディアがアーティストを紹介して人気が出るという構図でしたが、この頃からすでにYouTubeやSNSでファンのほうがメディア関係者よりも早く知っているようになりましたよね。

まつもと　TWICEって、日本デビューする前から、日本人の女の子が入っていることもあって注目度が高く、「あの子たちかわいい」って話題になっていた。その人気がだいぶあたたまってから日本デビューしているんですよね。

桑畑　二〇一七年にTWICEの日本デビューショーケースを東京体育館に見に行ったんですけど、観客がキラキラしていて、KARAのときのような感じでした。新しいものが来たなと思った。

八田　今気づいたんですけど、TWICEの日本人メンバー三人がオーディションを受けて「韓国のアイドルになろう」と思った瞬間はもっと前にあるということですよね。

まつもと　そうですね。あの三人について言えば、韓国の事務所からスカウトされたのがプ

*JYPエンターテインメント所属の九人組多国籍ガールズグループ。サバイバルオーディション番組で選抜された韓国人五人と日本人三人、台湾人一人で結成された。

**泣き顔や悲しみを表現するために使われる顔文字。「TT」を手で表した振り付けが話題となり、日本での人気急上昇にもつながった。

***四人組のガールズグループ。女性音楽グループとして世界最大級のファンダムを持ち、二〇二〇年の米『ブルームバーグ』誌「世界で最も影響力のあるポップスター」に選ばれた。

ロになるきっかけでした。いずれもそれ以前はダンススクールに通っていたわけですが。

桑畑　当時、TWICEのメンバーと同じ時期に韓国で練習生をしていた日本人に会ったことがあって、「KARAとか少女時代にあこがれて」と言っていました。第二次のブームを受けてあこがれていた、さきがけみたいな人がすでにいたようです。

まつもと　少女時代および同時期のライバルたちの活躍がきっかけでカバーダンスをやる少年少女が増えて、新大久保や渋谷とかのイベント会場やライブハウスで踊りはじめるんです。その少し前に、学校でダンスの授業が始まって、親近感が上がってK－POPシーン全体にあこがれる層が増えてきたんです。

――一方でK－POPと韓国が切り離されて、K－POPが韓国由来のものだという認識なしに日本で広まり始めた時期でもありました。

桑畑　新大久保にあった小さなK－POPスクールを取材した時に、外で嫌韓ヘイトデモをやっているような時も生徒たちが踊っていたと聞きましたね。TWICEが弾けた頃から、韓国の芸能事務所が日本人を対象に、日本の地方都市でもオーディションをするようになったのが二〇一七～一八年ぐらい。でも、その前からK－POPの世界を目指していた人はいたんですよね。たとえば、公園少女（現在は解散）の元メンバーで、ボーイッシュな雰囲気で人気を集めたミヤは、二〇一八年に韓国でデビューする以前から「DREAM ON!」などのカバーダンスフェスティバルに出場していました。

八田　第三次ブームは若い世代から始まったので大人からは見えにくい部分があって、どのへんがきっかけになったのだろうとずっと思っていたんですけど、第二次からつながる部分があったとなると、なるほどなと思いますね。

まつもと　このあたりのダンス系アイドルグループはYouTubeなどを通してファンが一気に増えて、その盛り上がりを後押しするようにTWICEが出てきた。

桑畑　よくよく考えてみればすごくいいタイミングで、メンバーに日本人がいたというのも大きかったですね。

まつもと　日本で一番大きいといわれるダンススクールでは、韓国の大手事務所のオーディションがひんぱんに開催されていて、生徒たちをどんどん受けさせていた。そこを取材したときに経営者の人に「こういう子たちのあこがれって誰ですか?」と聞くと、迷わずTWICEと言うんですよね。普通の子が世界レベルのアーティストになるというシンデレラストーリーに、みんなあこがれるそうです。

桑畑　二〇歳前後の人はすごくあこがれるようですね。

まつもと　別のボーイズグループの話も出るかなと思ったけど全然なくて。彼女たちが果たした役割は大きいですね。

話が少しずれるかもしれませんが、韓国ではオーディションでより良い人材を積極的に獲得する傾向が他の国よりも強いような気がします。現地では二〇一〇年代からテレビのオーディション番組出身のシンガーやグループが音楽シーンに大きな影響を与え始めます。しかしながら国内で優秀な人材を見つけるには限界がある。そこで海外でのオーディションが急増してきた。こうした面もK－POPの国境を越えた人気を加速させる一因だったと思いますね。

BTSはなぜアメリカで成功したのか

――そしてアメリカでK－POP人気が高まっていきます。大きな注目を浴びたのは、二〇一八年にBTSのアルバム『LOVE YOURSELF 轉 'Tear'』がアメリカの音楽雑誌『ビルボード』のアルバム・チャートで一位に輝いたことでした。

桑畑　その時にBTSのすごさや、あるいはBTSの存在そのものを初めて知ったという人、多いんです。「何でそうなったの?」って、メディアからだいぶ問い合わせを受けました。

まつもと　当時の日本ってそういう空気だったと思うな。「えーっ?」て。

――BTSがすべて英語で歌った曲『Dynamite』は『ビルボード』誌のシングルチャート「HOT 100」で二〇二〇年九月に一位となり、一一月には韓国語曲の『Life Goes On』も一位に。アジア系アーティストとしては一九六三年の坂本九『スキヤキ』（邦題『上を向いて歩こう』）以来となりました。BTSがアメリカで成功したのはなぜ？

桑畑　いろんな要素がありますよね。楽曲的にアメリカに寄せていったというのもあるだろうし。

まつもと　現地に安心して任せられる会社やルートを作ったというのもありますよね。二〇一〇年代前半までは、世界に広がるのはインターネット経由で『江南スタイル』みたいな曲とか、影響力のある人が気に入ってるとか、そういうのが多かったんですよね。それが、ここはこういうところに任せて他はここにお願いするとか、『Dynamite』を作るにあたっても所属のレコード会社のルートで作曲家に依頼するとか、かなりシステマチックになった感がある。勘ではやっていないですよね。

米ロサンゼルス近郊の書店にあったK-POPコーナー（2019年、桑畑優香提供）

桑畑　二〇一五年くらいまでは偶然の要素もあったと思うんです。小さい事務所だったから、自作のコンテンツを自分のYouTubeとかSNSで発信しているうちに、偶然見たっていう人が結構いて。

東南アジアとか中東とか遠い国では、日本のアニメから入っている人が多いんですけど、アニメのコンテンツを見ていたら「おすすめ」として出てくる映像の中でたまたまアジアンボーイズがカッコよく踊っていて、見てるうちに顔の区別がだんだんついてきて、オチました、という話を複数の海外のファンから聞きました。

――BTSの所属事務所は「ビッグ ヒット エンターテインメント」（現HYBE）。当時は大手事務所と見なされておらず、いわゆる「三大事務所」に所属しないアーティストの世界進出という点でも注目されました。

桑畑　二〇一七年にビルボード・ミュージック・アワード（BBMA）のトップ・ソーシャル・アーティスト賞を取って、二〇一一年の賞創設以来続いていたジャスティン・ビーバーの連続受賞を止めました。それはARMYたちが一生懸命投票していたからだったんですよね。もっと遡（さかのぼ）ると、二〇一五年くらいから東南アジアとか中東の人たちがいち早くキャッチして、「これは私たちの物語」として彼らを応援していた。それをもっと辿ると、日本のアニメを見ていて同じアジアのBTSに行きついたという人たちが少なからずいた、みたいなところに遡っていくんですよね。

まつもと　ジャスティン・ビーバーを止めちゃうってすごいですよね。（音楽的には）BTSは最初からアメリカを見据えて作ってきた歴史があって、もっと成功するために、現地のA&Rと契約して具体化させていく。それをちゃんと積み重ねていったのがBTSだったということなんだと思います。

桑畑　二〇一八年に「防弾少年団」から「BTS」に名前を変えたじゃないですか。あれが今思えば明らかな転機だったのかな、って感じがします。オフィシャルブック『BEYOND THE STORY ビヨンド・ザ・ストーリー：10-YEAR RECORD OF BTS』（カン・ミョンソク、BTS著、桑畑優香監訳、二〇二三年）にもさりげなく書いてあるんですよ。世界市場をターゲットにして名前を変えたというニュアンスのことが。

まつもと　振り返ればそこですよね、世界進出を加速させたのは。

桑畑　二〇一九〜二〇年くらいにかけて、曲名を全部英語に変えていたんですね。アメリカ市場で広く認知されるためには、ラジオで曲をかけてもらうことが大切。だから、歌詞は韓国語でもタイトルは英語で、と。

まつもと　BTSが組織力で最終的に世界に出るっていう、集団の大きな成功例を作ったんですよね。自分たちが考えたことがちゃんと世界に広がっている、アピールができるようになったら、あとは総力戦ということで人が増えていく。

桑畑　周りから「一緒にやりませんか」と声がかかったと、オフィシャルブックには書かれていました。

まつもと　決してそれは悪いことではない。企業と同じで、大きくなってくると当然そういうケースも多いはずです。

桑畑　その本に書いてあったのは、大きくなってくると楽器も変わってくると。いい音が作れるようになってくる。前だったら出せなかった音が出せるようになる。

まつもと　資本力が大きくなったということですよね。

桑畑　コロナ禍初の英語曲『Dynamite』は満を持してリリースした。

——受賞はなりませんでしたが「グラミー賞を取ろう」という明確な狙いがあったんじゃないですか？

まつもと　英語の三曲*はそうですよね。

桑畑　ディスコっていうのもそうだし、曲調もそう。ダンスにマイケル・ジャクソンと全く同じ動きを入れていると分析している動画もあって、アメリカのポピュラーミュージックの王道のいろんな方程式を詰め込んだ、っていうところはあると思います。

まつもと　ものすごく計算されてますよね。

BTSのメッセージ性

桑畑　それとBTSのRMが国連でのスピーチで「スピーク・ユアセルフ」というメッセージを送ったこと**が、一般誌でもかなりニュースになって。あの時驚いたのは、英語学習の雑誌『イングリッシュジャーナル』からBTSについて、「何であんなに英語が上手いのかっていう記事を書いてください」って依頼が来たこと。そういう切り口で関心をもつメディアもあるんだ、と。ユニセフとキャンペーンを支援するパートナーシップを結んだのは、成功した要因の一つですよね。

まつもと　あれは決定打になった。国連でスピーチしたことで、音楽に興味がない人も認めた感じになりましたよね。

桑畑　その後、SEVENTEENがユネスコの「ユネスコ・ユースフォーラム」の特別セッションでスピーチを行ったり、BLACKPINKのロゼがバイデン大統領夫人主催のメンタルへ

＊『Dynamite』『Butter』『Permission to Dance』

＊＊二〇一八年、ユニセフのグローバル・サポーターであるBTSが、ニューヨークの国連本部で「自分自身を語ろう」と世界中の若者に向けてメッセージを送った。

ルスに関するイベントに登壇したりもしました。

――BTSのメッセージの発信も広報戦略の一つ？

桑畑　初期の頃は、世界を射程に入れていたというわけではなく、等身大のものを発信していたのだと思います。特に学校三部作とか、青春三部作*とか。

まつもと　BTSの特徴は、陰影のある歌詞とサウンドだと僕はよく言うんですけど、自分の偽らざる気持ちや葛藤を、そのままストーリー仕立てで出している。あれは本人たちの意思だと思うんですね。三部仕立ての組み立ても同じく本人たちの意思ではないかと。

桑畑　メッセージは後付けではなく、本当に書いているうちに実現していったのだと思うんですよね。等身大の話をしているうちに、リスナーたちがメンバーのリアルな半生に自分を重ねていって「あれって嘘じゃないよね」って。自分が怪我したことやつらかったこと、ふるさとの話などを入れているところに、偽りのない本音の歌詞が見えてくるというか。それはもしかしたら小さい事務所のグループだったからこそだったのかな、という感じがしますね。

「スピーク・ユアセルフ」の瞬間、ユニセフのツイッター（現X）でワッとファンが自分について語り始めたんですよ。そこには読んでいて泣けるぐらいつらい話が書いてある。「アメリカのトランスジェンダーの一六歳です。親から見放されて、学校では性的虐待を受け、友だちがいない」「一五歳です。幼い頃から太っていて学校で苦しい思いをしていました」という。そこにほかのファンが、大丈夫、あなたはスペシャルだと書いていて。コロナ禍でもBTSの曲に、本当に救われたという人がけっこういました。

まつもと　彼らのメッセージ性を含んだ歌詞に感動した、考えさせられたというリスナーは多いですよね。そんな中で『Dynamite』は単純に明るく楽しく踊れるタイプで、歌詞も同じトーンで書いているせいか、メッセージ性が強くないように感じますが、実はその陽気さはコロナ禍に生きる人々を励ますものだったわけです。そういうところも彼らならではの魅力だと思っています。

桑畑　アメリカで、『Dynamite』のポジティブなメッセージに希望を見出したという医療従事者の話を聞いたことがあります。コロナによる死亡者が一〇〇万人を超えるほど深刻で社会全体の雰囲気が落ち込んでいた時、ディスコに乗せて「踊ろう」というメッセージが広く響いたのだと思います。

＊学校三部作はデビュー初期の二〇一三〜一四年に発表されたアルバム『2 COOL 4 SKOOL』『O! RUL8,2?』『SKOOL LUV AFFAIR』、青春三部作は二〇一五〜一六年の『花様年華』Pt1、Pt2、『花様年華 Young Forever』。

まつもと　的確なサウンドメイクだったわけですね。

桑畑　ディスコソングはアメリカで幅広い層が好きなジャンルだから。でも不思議なのは、同じようなことをしていた人も他にいるのに、なぜBTSはあそこまで弾けたのか。

まつもと　僕の知り合いに音楽のマニピュレーターがいるんですが、「(BTSの最近の曲は）やっぱり鳴りが全然違う」って言っていました。特に『Dynamite』の最初の一音、シンセサイザーでポワンっていう一発、あの音を聞いただけでアメリカの音だってわかるって。

桑畑　アジアで作っている音じゃないそうです。

まつもと　それ、説得力ありますね。

桑畑　ワールドワイドに売れる曲ってイントロですでに違うんだ、って、それを聞いて強く確信しました。『Dynamite』がきっかけで先ほどのマニピュレーターもK－POPに興味を持ち始めましたし、本当に影響力のあるヒットソングだったんだなと、あらためて痛感します。

まつもと　洋楽好きのファンもK－POPにたくさん入ってきましたよね。

桑畑　その流れが増えてきて、NewJeans*につながる。洋楽風のサウンドしか聞いてこなかった人とかがファンになった。

BTSに続くアーティストたち

――BTSは二〇二三年一二月までに七人全員が兵役に就き、グループとしての活動を休止しましたが、今やアメリカのヒットチャートでK-POPアーティストの名前を聞くことは珍しくなくなりました。『ビルボード』誌がネット動画の再生回数を算入するなど、チャート計測方法の変化もありましたが、それだけでは説明できない勢いがあります。

まつもと　BTSの後、もっとすごくなっている気がします。Stray KidsやTOMORROW X TOGETHER（TXT）、ATEEZといったボーイズグループが当たり前のように『ビルボード』のメインチャートで一位になるという状況になっていますよね。こうした流れになったのは、BTSのおかげです。彼らが世界中のポップスシーンに「アジア枠」を作ったんですよ。そこに今、後進がどんどん入って行こうとしている。BTSが作った道をみんなが進んでいるといった感じでしょうか。

桑畑　K-POPのファン層も厚くなっていますよね。

まつもと　最近はガールズグループも海外での活躍が目立ってきていますからね。おかげで

＊韓国、オーストラリア、ベトナム出身のメンバーからなる多国籍ガールズグループ。SHINee、f (x)、EXO、Red Velvet、NCTなどのクリエイティブディレクターを務めたミン・ヒジンがプロデュース。

2021年のBTSのLA公演（左上）と2022年のラスベガス公演（右上）の様子。アリゾナから来たという高校生のARMY（右下、いずれも桑畑優香提供）

支持層もかなり広がりました。なかでもNewJeansはレトロなサウンドとキュートなパフォーマンスで人種や性別を超えた人気を獲得、TWICEはトレンドを意識した音作りが功を奏してアメリカを中心にブレイク中です。どちらのグループも『ビルボード』のメインチャートでトップに輝いているほど成功しています。

――TWICEが話題になったのは二〇二〇年のアメリカ大統領選、ある州でバイデン氏がトランプ氏を逆転した時に、TWICEの『Feel Special』が流れるSNSの動画が拡散されました。ある種、ダイバーシティの象徴でしたね。

まつもと　あくまでも印象ですが、K－POPアーティストのアメリカでのライブをテレビやネットで見ると、白人の観客が少ないような気がしました。

桑畑　BTSのロサンゼルス公演、ラスベガス公演を観にいったときも、観客のなかにはいわゆるマイノリティーの方たちがたくさんいました。

まつもと　世界でK－POPを支えている層って、そのあたりなのかもしれませんね。

――TWICEの『Feel Special』も、そのままのあなたが特別なんだよ、という曲ですね。

まつもと『Feel Special』はTWICEが自分の本音を語り始めた最初のヒットソングなんですよね。メンバーの一人が精神的な不調で休んでいる時に、プロデューサーのJ.Y. Parkがみんなとの会話にインスピレーションを受けて歌詞を書いたんですよ。

桑畑　アメリカでTWICEのライブに参加した人によると、アメリカでは体調の問題を乗り越えてステージに立つジョンヨンのソロパートで大きな歓声が起こる。リードボーカルのナヨンじゃない、リードダンサーのツウィでもないと言っていて。

まつもと　日本はいわゆる「お人形」みたいなかわいいアイドルが支持を集めやすいと思うんですが、アメリカだと、その人なりの生き方や背景を尊重して受け入れている。国によって違いますよね。

桑畑　意外な反応だったのですが、ジョンヨンを応援するのは素敵だなと思いました。

「キム・ジヨン」から始まる韓国文学ブーム

――この時期は、『82年生まれ、キム・ジヨン』*（チョ・ナムジュ著、斎藤真理子訳、二〇一八年）など、韓国文学の翻訳が日本で脚光を浴び始めた時期でもあります。『アーモンド』**（ソン・ウォンピョン著、矢島暁子訳、二〇一九年）は二〇二〇年の本屋大賞で翻訳小説部門一位に輝きました。

桑畑　それもK－POPと少なからず関連しているのではないでしょうか。『82年生まれ、キム・ジヨン』は、最初からフェミニズムの文脈として理解されているのだけれど、韓国では二〇一八年頃に、K－POPグループのRed Velvetのアイリーンが、「私は読んでいます」と発言してバッシングされ、アンチフェミニズムの動きがクローズアップされたこともありました。

二〇一九年二月に刊行された『私は私のままで生きることにした』***（キム・スヒョン著、吉川南訳）も、BTSのJUNG KOOK（ジョングク）が読んだと。『死にたいけどトッポッキは食べたい』****（ペク・セヒ著、山口ミル訳、二〇二〇年）もRMが読んでいたのがヒットの要因の一つ。『アーモンド』はBTSのSUGAやJ-HOPEが読んでいた。

――『あやうく一生懸命生きるところだった』*****（ハ・ワン著、岡崎暢子訳、二〇二〇年）も韓国では、東方神起のユンホが推していました。二〇一九年から二〇年にかけての時期、韓国文学の翻訳が日本でも部数が出ているんですよね。これは「ノージャパン」や政治的な冷え込みの中でも続いていた現象です。

まつもと　その頃ちょうど東京・神保町の韓国書籍専門のブックカフェ「チェッコリ」が

---

*受験、就職、結婚、育児など、人生の節目で女性の前に立ちはだかるものを描き出し、多くの共感を呼んだ。韓国だけで一三六万部という異例のベストセラーになり、中国、アメリカ、イギリス、フランス、ベトナムなど三二の国と地域で翻訳されている。

**扁桃体（アーモンド）が小さく、怒りや恐怖を感じることができない一六歳のユンジェが成長していく様を描く。

***人と比べず自分を大切にして生きていく方法を説いて、韓国の若者を中心に共感を呼んだ。日本でも五五万部のヒットに。

****気分障害と不安障害を抱える女性が、精神科医とのカウンセリングを通して自身を見つめ直したエッセイ。

*****四〇歳を目前に会社を辞め、「一生懸命生きない」と決めた著者が自分らしく生きるコツをつづった一冊。

「韓国の翻訳文学が売れてきた」と盛り上がっていましたからね。

桑畑　それまでも韓国文学って翻訳されていたのだけど、労働問題や日韓の抱えてきた歴史を扱ったもの、『太白山脈（テベクサンメク）』（趙廷來著、尹學準・川村湊監修、一九九九年）のような重厚なものが中心だった。『キム・ジヨン』の時期から、『死にたいけどトッポッキは食べたい』など、若い世代向きのポップな表紙のものが注目され始めてきた。K-POPや「映える食べ物」をきっかけに韓国に興味を持った人が、もう一つ先の韓国を読みたいという感じで集まったのが一つと、「チェッコリ」の金承福（キムスンボク）社長が当時「表紙をポップなものにしたり、韓国っぽくないものにしたい」と言っていましたが、そこがすごく成功しているのかもしれないですね。もちろん、文学としてのクオリティの高さや、日本と韓国で生きる人たちが同じように感じている生きづらさを言語化しているところに支持や共感が集まったのも大きな要因だと思います。

《第三次ブームまとめ》

・第三次ブームの盛り上がりは二〇一七～一九年頃

・二〇一七年に「インスタ映え」という言葉が流行語になり、その流れで写真、動画映えする「チーズタッカルビ」が空前の人気に。翌年にも「チーズドッグ（チーズハットグ）」が流行し、今に続くチーズ人気の流れができた

・韓国で総合編成チャンネルが誕生し、地上波のドラマでは取り上げづらかった多彩なテーマの作品が生まれた。ただし、日本では目にする機会が限られていて、爆発的なヒットやスターが生まれなかった

・二〇一七年にBLACKPINKとTWICEが日本デビュー。BTSの世界的な活躍もK－POP人気を後押しした。アーティストらが読んだ本が売れる現象が起き、日本で韓国文学ブームが生まれた

〈韓国映画・ドラマの未来予測コラム〉
最先端は「英語」「没入感」「日男韓女」

桑畑優香

「韓国映画・ドラマの未来について書いてください」

このコラムのお題について、担当編集者はこう言った。正直、未来については想像がつかない。……というのは、これまでの韓流ブームの波は、意外なところからやって来たからだ。

例えば、二〇〇二年の日韓共催サッカーワールドカップの興奮が落ち着いた翌年、突然ドラマ『冬のソナタ』が日本を熱狂の渦に巻き込んだ第一次ブーム。最悪といわれた日韓関係が続くなか、若者のあいだで韓国のファッションやコスメの人気が高まった第三次ブーム。いずれもまさに青天の霹靂（へきれき）だった。ただ、ひとりの観察者として現場を見つめるうちに「潮目が変わった」と気づく瞬間があったのは確かだ。じつは、今もあらたな潮目をひしひしと感じている。……というわけで本稿では、最先端で起きていることを記したいと思う。

「現場の主要言語は英語ですが、問題ないですか？」

二〇二一年頃から、よくこんなふうに尋ねられるようになった。韓流の最先端を追っているうちに、英語で取材する現場、つまり世界市場に向けたイベントやインタビューに参加する機会がぐっと増えたのだ。

K‐POPの最先端、「BTS現象」を追ううちにたどり着いたアメリカ・ロサンゼルス公演「BTS PERMISSION TO DANCE ON STAGE - LA」（二〇二一年一一～一二月）もそのひとつ。

さらに、決定打だと感じられたのが、二〇二二年秋にシンガポールで取材した「ディズニー・コンテンツ・ショーケース」だった。前年に動画配信サービス「ディズニープラス」の新コンテンツブランド「スター」を立ち上げたディズニー主催の、アジア太平洋地域の記者が一堂に会するラインナップ発表イベント。日本やインドネシア、アメリカなど五〇作品のキャストがステージに立ち、英語を共通語に多言語へ同時通訳を介してプレゼンテーションを行うなか、トリを務めたのは韓国の作品群だった。しかも、そのオオトリを務めたのは、三池崇監督がメガホンを取ったスタジオドラゴン制作のドラマ『コネクト』だった。主演は『よくおごってくれる綺麗なお姉さん』や『D.P. ―脱走兵追跡官―』のチョン・ヘイン。最先端の現場で目撃したのは、「配信」「韓国」「日韓合作」という象徴的なキーワードで世界に発信される作品だった。

こうした背景には、多くの人が察するとおり、コロナ禍の影響が大きい。世界中のエンタメ界が苦境にあえぐなか、感染対策が日本以上に厳しかった韓国、特に映画業界はとてつもない影響を受けた。コロナ禍に突入する直前に『パラサイト 半地下の家族』が米アカデミー賞で四冠に輝いて市場が盛り上がったのもつかの間、一時は観客動員数が前年比九〇%近くまで激減。以前から動画配信プラットフォームに業界の未来を感じていた人材が、『イカゲーム』（二〇二一年）がネットフリックスで世界的なヒットを記録したことも追い風に、ネットの世界に流れていった。

結果は、コロナ禍に世界を沸かせた作品の「あの人は今」を並べれば、一目瞭然だ。『梨泰院クラス』（二〇二〇年）のパク・ソジュンは、映画『マーベルズ』（二〇二三年）のカリスマ王子役でハリウッドデビュー。『イカゲーム』のイ・ジョンジェはなんと（！）『スター・ウォーズ』の前日譚ドラマシリーズ『スター・

ウォーズ：アコライト』（二〇二四年）のジェダイ・マスターに。長く「映画はドラマよりも上」とささやかれてきた韓国だったが、『パラサイト』のソン・ガンホも、ディズニープラスが配信する『サムシクおじさん』（二〇二四年）でドラマに初主演。映画『別れる決心』で二〇二二年にカンヌ国際映画祭で監督賞を受賞したパク・チャヌク監督は、共同脚本・プロデュースを担当する『War and Revolt（原題）』でネットフリックスと初めてタッグを組むことが決定している。

一方、映画館で世界的に好調なのが映像美や迫力、圧倒的な「体験」ができる作品だ。「ディズニー・コンテンツ・ショーケース」での言葉を借りれば、「没入感」がある映画。コロナ禍明け以降、世界最大の興行収入を記録している『アバター：ウェイ・オブ・ウォーター』（二〇二二年）が、その代表例だ。IMAXや4DX、ScreenXなど技術的に進化を遂げた映画館での「体験」は、ライブビューイングやライブフィルムにもぴったりで、チケッティングがますます激戦になっているK－POPとも親和性がある。BTSの釜山公演を収めたライブフィルム『BTS: Yet To Come in Cinemas』（二〇二三年）が日本における韓国映画歴代興行収入第四位に躍り出たのも、時代の象徴といえるだろう。

そんななか、『パラサイト』のポン・ジュノ監督は、次回作も劇場作品で勝負する。二〇二五年の旧正月に韓国で先行公開されることが決まっているのは、宇宙を舞台にしたSF作品『Mickey17』だ。製作は、ポン・ジュノ監督がハリウッドに進出する布石を作った『オクジャ』でタッグを組んだ製作会社PlanB。『THE BATMAN―ザ・バットマン―』（二〇二二年）に主演したロバート・パティンソン（『君たちはどう生きるか』〔二〇二三年〕の英語吹き替え版で青サギ／サギ男を担当！）や『ミナリ』のスティーヴン・ユァンをキャスティングし、満を持して『パラサイト』以後初の作品に挑む。

映画の世界で近年著しいのは、女性監督の活躍だ。『はちどり』（二〇一八年）のキム・ボラ監督や『あしたの少女』（二〇二三年）のチョン・ジュリ監督を筆頭に、自らの体験や実際の事件をモチーフにした作品が熱い支持を受けている。それらに共通するのは、現代の韓国文学にも重なるフェミニズムの視点だ。二〇二四年日本公開の『ビニールハウス』（イ・ソルヒ監督）や『成功したオタク』（オ・セヨン監督）を観て驚いたのは、貧困や介護、推しの犯罪という社会の闇に大胆に切り込む監督たちが、製作当時はまだ二〇代だったことだ。超大作とインディペンデント作品の二極化が進み、大作以外の資金集めが厳しいとされる韓国。若き監督の企画が実現した背景には、作品の意図に共感した大物俳優の出演や、映画祭などによる資金のサポートがあるという。勇気ある才能を育てようとする環境が整っていると感じた例だ。

もうひとつ、潮目が変わったと感じたのは、二〇二四年一月末、恵比寿駅で友達が発した一言だった。「どうして今頃？　既視感あるよね」。目線の先にあったのは、駅のホームに飾られた、二階堂ふみとチェ・ジョンヒョプが仲睦まじく微笑むTBSのドラマ『Eye Love You』（二〇二四年）の大型ポスター。二〇年近く韓国ドラマに親しんできた彼女にとっては、日韓カップルがモチーフの作品は「もう目新しくない」という。たしかに第一次ブームの布石となったドラマ『friends』（二〇〇二年）のウォンビンと深田恭子の時代から、イ・ジュンギと宮﨑あおい主演の『初雪の恋　ヴァージン・スノー』（二〇〇七年）など、日韓カップルのラブストーリーは何度も制作されてきた。でも、こうした作品がつくられるのは、日韓関係が良好であるからこそだ（「最悪」といわれる時期には控えられる傾向がある）。韓流に興味を持つ新たな層が生まれ、文化の違いを知ろうとする人たちが増えている証拠といえるだろう。

日韓カップル作品で興味深いのが、「男性が韓国人、女性が日本人」というこれまで大勢を占めてきたパターンとは逆の「男性が日本人、女性が韓国人」というパターンが、ここにきて増えつつあるという点だ。坂口健太郎とイ・セヨン主演のドラマ『愛のあとにくるもの』が韓国のチームによって企画され、小栗旬とハン・ヒョジュによるドラマ『ロマンチックアノニマス』がネットフリックス・ジャパンオリジナルドラマとして撮影中だと伝えられている。「日男韓女」が少ない理由について調べてみたら、二〇〇四年の東亜日報の記事に「韓国は日帝強制占領期を経験したことがあり、韓国人たちが『キーセン（日本でいう芸者）観光』のため、日本男性に悪いイメージを持っているので、ドラマに『日男韓女』カップルを設定するのは時期尚早であるようだ（原文ママ）」というMBC（韓国の地上波放送局）ドラマ局長のコメントがあった。「日男韓女」の作品が増えているのは、こうしたイメージを脱しつつある証なのか。完成した作品を観た韓国での反応が気になるところだ。

このコラムを書いているのは二〇二四年三月だが、じつは準備している間にも『スター・ウォーズ：アコライト』の配信開始日がアナウンスされたり、『ロマンチックアノニマス』のキャスティングが報道されたり。ドラマや映画の最新情報がどんどん更新され、何度もドラフトを書き換えた。現場は日進月歩どころか、光の速度で進化している。そんななか、最近韓国で取材したドラマ制作会社のプロデューサーは、「五年ぐらいで配信の全盛期は終わるとみて、次の一手を準備している」と耳打ちした。きっとこのコラムの内容も、あっという間に「史実」になってしまうのだろう。むしろ、そんな未来が楽しみだ。

第四章

第四次ブーム（二〇二〇〜二三年頃）

——ブームから定着へ

谷間からの新型コロナ

——第四次ブームには新型コロナウイルスが大きく影響してきますね。二〇一九年、政治的には「ノージャパン」が始まります。二〇一八年秋の徴用工問題判決*を受けて、翌年に日本が半導体関連品目の輸出規制を強化し、対抗するように韓国で日本製品不買運動が広がります。そこで一度、谷間が来るんですよね。

桑畑　谷間というか、一次と二次の間のように、続いていたけれど流れが変わったような感じでしょうか。

八田　二〇二〇年の上半期は、ドラマが盛り上がっているけどこれが果たして第四次なんだろうか、という空気だったと思います。個人的には第三次の延長線上にあるようなイメージで見ていたのですが、二〇二〇年六月二七日付の読売新聞夕刊に「第四次韓流ブーム」という見出しの特集記事が出て、そこでほぼ確定みたいな感じになりました。となると相対的にどこかで第三次が終わっていないといけないので、二〇一九年がいったん谷間として区切られるのかなと。

――人の往来は二〇一九年に実際減ったんですか？

八田　韓国人の訪日者数は二〇一七年の七一四万四三八人、二〇一八年の七五三万八九五二人から、二〇一九年は五五八万四五九七人まで減少しました。二〇一八年との比較で、二五・九％減です。[**] それでも日本人の訪韓者数よりははるかに多いんですけどね。

逆に日本からは、第二次ブームの二〇一二年がもっとも多くて三五一万八七九二人、次いで二〇一一年の三二八万九〇五一人、二〇一九年はそれらに次ぐ歴代第三位で三二七万一七〇六人なので、人数で見ると韓国旅行は盛り上がった形でした。第三次ブームの流れで若い世代がぐんと増えていて、年齢別で見ると、三〇歳以下だけで全体の四割を超えます。

――二〇二〇年の新型コロナで完全に往来が止まったので、そこで崖が来た感じがあります。

八田　二〇二〇～二二年と思いの外(ほか)コロナ禍が長く続いたので、いろいろなところで変化が起きましたよね。コロナ禍によって韓国旅行に行けないぶん、配信のドラマから始まって、

*第二次大戦中に強制労働をさせられたとして、当事者らが新日鉄住金（旧新日本製鉄）に賠償を求めた訴訟で、韓国大法院（最高裁）は同社に賠償を命じた。

**韓国観光公社「韓国観光データラボ」より。

日本国内で楽しめる韓国コンテンツが各方面でぐんと増えたのが第四次と解釈をしています。

桑畑　映画でいうとまず『パラサイト　半地下の家族』のヒットがあります。二〇一九年五月にカンヌ国際映画祭のパルムドールを受賞して、日本で公開されたのが二〇二〇年一月。ポン・ジュノ監督と主演のソン・ガンホが、ノリノリでプロモーションに来てくれましたね。それが、コロナ禍で国境が閉じる直前だったんです。二〇二〇年二月にアカデミー賞を受賞した後に劇場が二七五館に拡大して、日本での過去の韓国映画作品のなかで興行収入一位に躍り出ました。それまでは『私の頭の中の消しゴム』、次が『四月の雪』、『僕の彼女を紹介します』*（二〇〇四年）でした。

八田　谷が深かったですね、映画に関しては。

桑畑　でもその前に、同じソン・ガンホ主演の『タクシー運転手　約束は海を越えて』**（二〇一八年）とか、社会派のものが思わぬところでヒットしたという現象があって、日本の映画業界の人が「こういうものを観るんだ」と驚いていたんですよ。

『愛の不時着』『梨泰院クラス』のヒット

――コロナ禍で「ステイホーム」が合言葉になると同時に、ネットフリックスで配信された『愛の不時着』（二〇二〇年）と『梨泰院クラス』***（同）が大ブームとなりました。

2019年12月に来日した『パラサイト』のポン・ジュノ監督と主演のソン・ガンホ（桑畑優香提供）

八田　最初の頃はまだこれが第四次という感覚はなく、「第二次韓国ドラマブーム」と見た人もいましたね。第一次ブームの延長線上であって、新しい動きではないと言った関係者もいました。

桑畑　『ミセン―未生―』のような社会派のドラマを観る人は見ていたから、ドラマの種類が変わったわけじゃないとみる人もいるのかもしれないけど、それまで日本ではネットフリックスを観ていなかったり、Wi-Fiが入っていなかったりする家庭も多かったんですよね。

＊誤認逮捕をきっかけに出会い、恋に落ちた心優しい高校教師と熱血女性警察官を、過酷な運命が待ち受ける。主演はチョン・ジヒョンとチャン・ヒョク。X JAPANの『Tears』が劇中歌として使われ話題となった。

＊＊一九八〇年五月の光州事件を取材したドイツ人記者と、彼を乗せたタクシー運転手。実在した二人をベースに描くヒューマンドラマ。

＊＊＊刑務所を出所した青年が仲間たちと小さな飲み屋を始め、自らと家族を苦しめた大企業経営者を相手に復讐を挑む。韓国の同名ウェブ漫画が原作。日本でも『六本木クラス』としてドラマ化された。

まつもと　コロナ禍でワッと広がりましたよね。

八田　みんなが在宅で仕事をしないといけなくなって、リモートで会議をするのに自宅のWi-Fiが不可欠になったことと、配信で『愛の不時着』と『梨泰院クラス』が話題になったので、昼休みついでに一話ずつ見ようか、みたいな感じで楽しみが広がりました。二〇二〇年のユーキャン新語・流行語大賞はトップテンに「愛の不時着」が入っています。ノミネートの段階では「愛の不時着／第四次韓流ブーム」と併記されていましたけどね。

桑畑　これは第四次韓流ブームというより、ネットフリックスブームだった側面もあるのかなと。『愛の不時着』は、韓国では二〇一九年に放送されていたけど、ネットフリックスで配信が始まったのが二〇二〇年二月。

まつもと　僕と八田さんが見始めたのが二〇二〇年六月三日ですね。

八田　これまでドラマをほとんど見てこなかった我々にとっては歴史的な日でしたね。

桑畑　それまで韓国の地上波では、ホームドラマが多かった。北朝鮮とか殺人とか、視聴者の心をざわつかせるテーマを避けていた。それが二〇一〇年代前半から総合編成チャンネルが始まって、『ミセン―未生―』のような社会派ドラマや『応答せよ』シリーズのようなヒット作も出てきた。でもそれは日本では、第二次ブームの終わりというタイミングの問題とか版権の高騰があって、芽があってもなかなか幅広い視聴者に届かなかったんです。日本は

DVDやCS・BSで韓流ドラマを観る時代で、特にDVDの市場が圧倒的だったので、ドラマを最初にどうオンエアするかが買い付けの人たちの間で重要視されていたんです。配信は優先順位の下のほうだった。
二〇一四年頃に、「映像ソフト市場規模及びユーザー動向調査」の日本におけるビデオソフト購入、レンタル利用、有料動画配信サービスの比率の図を韓国の学術会議で紹介したことがありました。「日本で動画配信サービスの利用はわずか一二パーセント」と図を見せたら、みんな絶句していました。「日本はそんなに配信が少ないんですか」と。

——それまでも配信はあったわけですね。

桑畑　ネットフリックスでも二〇一八年に『ミスター・サンシャイン』という作品で、イ・ビョンホンら有名俳優や脚本家を起用して、世界市場を見込んで韓国的な作品をやっていたのだけど、日本の人は気がつかなかった。まだネットフリックスを知らない人が多かったのと、内容が朝鮮を開国する時代の話なので日本の人には難しかったし、日韓関係で敏感な内容が含まれていたので。二〇一六〜一七年にはポン・ジュノ監督が『オクジャ』*という作品を製作しています。当時、「なんでポン・ジュノ監督のように実績のある人が配信メインの作品を作ったんだ」という驚きがありました。アメリカ人の俳優もいっぱい出演していて、資本もアメリカから入っていて、今思えば『パラサイト』の前兆として、ホップ・ステップのホップだったのだけれど、当時の日本では、「韓流がそんなに流行っていないのになんで配信なのか」と見なされたのか、取材があまり来ていなかった。ところが、コロナ禍で配信の力が可視化されたところがあると思いますね。

八田　二〇一八年ぐらいから日本でも結構配信が盛んになっていますね。

桑畑　それでもまだ一九パーセントぐらい。この頃、業界の中では「二〇二〇年ぐらいに業界再編が起こる」と言っている人が何人かいたんです。

八田　コロナ禍とは無関係に、すでに配信が主流になると言われていたわけですか？

桑畑　まことしやかに、そうなるのではないかと。映像ソフト市場で配信が占める割合が、一九パーセントから二四パーセント、コロナ禍で四〇パーセントぐらいになったんですね。

――『愛の不時着』は作品面で、どのようなところが受けたのでしょうか。

桑畑　オリコン・モニターリサーチによると、『愛の不時着』が好きかどうかのアンケートで、男女が同じような割合で「好き」となっている。男性の理由としては、主演の演技が欠かせないのですが、韓国と北朝鮮の文化や生活様式の違い、朝鮮半島の分断などへの関心が高いと思われる。でも、「禁断のラブストーリー」というのも三位に同率で入っています。女性は、これまでと割と変わらないですよね。主演の演技、禁断のラブストーリー、登場人物のユーモラスな掛け合い。女性はラブコメとして見ているのだけど、男性は時事ものとして見ている。

八田　私も主演の俳優が誰かとか一切気にせずに八話まで見て、そこでたまたまクレジットが目に入って「ああ、この人がヒョンビンなんだ」と気づきました（笑）。

――『梨泰院クラス』についてはどうですか？

八田　『梨泰院クラス』もそこで初めてパク・ソジュンを知ったような。一般に中壮年男性は、一番韓流に染まっていない層だと思うんです。それがステイホームをきっかけとして韓国ドラマに手が伸びた。過去の韓流からしても革命的な出来事です。会社組織で決定権のある世代に、韓流がついに届いた。「やりましょう」とハンコを押せる立場の人たちが韓流を自らの肌で実感したのが、このタイミングだったのかなと。食品、小売り、出版などいろんな業界で「韓国フェア」が増えましたよね。

桑畑　コロナのあいだにね。

八田　『梨泰院クラス』が現場でバリバリ仕事をしている三〇代ぐらいの男性層をとらえて、

＊ポン・ジュノ監督が、ブラッド・ピットの映画製作会社と共に手がけたネットフリックスオリジナル映画。心優しい巨大生物オクジャと親友のように暮らしてきた一人の少女がある日、オクジャがニューヨークに連れ去られたことで企業の醜い争いに巻き込まれていく。

もうちょっと高い年齢の世代には『愛の不時着』が刺さって、大きな役割を果たしたんだろうなと思います。

桑畑　コロナでメディアの在り方も変わりました。取材に行けないので、ドラマの分析が流行ったんです。韓国に詳しい人はもちろん、いろんな人が、ありとあらゆる方面で解析しがいのあるものとしてある種のブームになった。フェミニズムの視点からヒョンビンが演じたリ・ジョンヒョクのキャラクターを分析したり、北朝鮮の専門家が食べものや音楽について解説したり。

八田　新ネタが拾えないぶん、深いところに行くという。

まつもと　思い返せば『冬ソナ』の時もそうだし、少女時代が出た時も、『愛の不時着』もそうなんだけど、あるものがヒットするといろいろな専門家が出てきて分析しだしますよね。

桑畑　テレビで著名人がどのドラマが好きだと言って、そこから自然に口コミで広まっていくところもありましたね。

——二〇二一年にはドラマ『イカゲーム』*も話題になりました。翌二〇二二年にアメリカのテレビドラマを対象にしたエミー賞で、主演男優賞や監督賞など六部門に輝きました。韓国では「韓国のドラマが初めてアメリカで認められた」という文脈で評価されましたね。

まつもと　『イカゲーム』が韓国にありがちなドラマではなかったのも興味深かった。

桑畑　コロナになって、韓国では感染防止対策が日本より厳しかったから映画を作るのが難しかったうえに、映画館にみんな行かなくなった。そんななか映画をやっていた監督たちが配信で成功した代表例が『イカゲーム』です。

八田　映画っぽいドラマが増えたという話を以前されていましたね。

桑畑　コロナで配給が止まってしまった作品も、韓国では数カ月後に切り替えてネット配信に移行した。そのうちに監督や俳優さんもどんどんそっちで勝負しようとなっていった。

まつもと　従来のドラマファンも食いつきましたよね。地上波で放送しにくい内容も配信だとやりやすくなるから、視聴者は「そっちの方がおもしろい」となる。

桑畑　『イカゲーム』はまさにそうですね。過激な描写で、地上波では難しい。

――日本では話題になってなかったけれど、アップルTVで『Pachinko　パチンコ』が人気を呼んだのも二〇二二年。韓国での反響が熱かったですね。日本と韓国を舞台に、植民地時代から戦後までの激動の時代に翻弄されて生き抜いた在日コリアン女性の一代記です。

＊大金をかけた命がけのゲームに巻き込まれた主人公が、他の参加者と共に奮闘するサバイバルスリラー。日本のほか世界九〇カ国以上で「今日の総合TOP10」首位を獲得し、ネットフリックス史上最大のヒットシリーズの一つとなった。二〇二四年にシーズン2が公開予定。

八田　『ウ・ヨンウ弁護士は天才肌』*（二〇二二年）はどうですか？

桑畑　大ヒットはして日本でも話題になったけど、『愛の不時着』などと比べると「全日本が泣いた」という感じではない。

——一九八〇年代の韓国系移民を描いたアメリカ映画『ミナリ』（二〇二一年）は、ユン・ヨジョンがアカデミー助演女優賞を受賞しました。アメリカで韓国人や韓国系への注目が高まっているようです。

NewJeansのすごさ

——K－POPはどうでしょうか。この時期の象徴的なグループはNewJeansでしょうか。「韓国で売れている、アメリカでも評判らしい」という海外の人気が日本に波及してくるのは第四次以降ですよね。

まつもと　音楽的な話になりますが、NewJeansの『ETA』という曲が、バイレファンキという、ブラジルの労働者階級の間で人気のあるダンス系のジャンルをベースに作っているんですよ。八〇年代に生まれた少し下世話な大衆音楽を、NewJeansがおしゃれにリメイクした。世界各地のレトロかつ大衆的な音を持ってきて、それをアジアの女の子たちが楽しげに歌い、踊る。その組み合わせの妙がヒットにつながったと思います。

桑畑　私はコンセプトで見る傾向があるのですが、『パワーパフガールズ』[**]はアメリカとか英語圏のZ世代にとって、私たちの『アンパンマン』とか『ドラえもん』みたいな感じなんですね。NewJeansが好きという二〇歳ぐらいのファンは、『パワーパフガールズ』とミュージックビデオでコラボしたNewJeansにはすごく親近感が持てると言っていました。幼い頃に親しんだキャラクターがアイキャッチになって、音楽の深いところに惹かれていくというパターンです。

まつもと　明らかにK-POPに興味のある層はどこかをわかっていて、そこに向けて戦略的にサウンドやビジュアルイメージを作るようになった。その狙いが的中しているんです。

八田　「NewJeansおじさん」と呼ばれる人も出てきましたね。

まつもと　今までK-POPはスルーしてきたけど、NewJeansだけは別格だとアピールする中高年男性がそう呼ばれてますよね。NewJeansは老若男女を問わず語りたくなるグルー

＊一流法律事務所で働き始めた新米弁護士のウ・ヨンウが、自閉スペクトラム症を抱えながら仕事やプライベートでさまざまな壁に挑んでいく。

＊＊アメリカの漫画、テレビアニメ。大都会タウンズヴィルを舞台に、街で起こるさまざまなアクシデントに三人の女の子が立ち向かう。

プなのは間違いないです。
時を同じくしてK‐POPシーンを俯瞰して語れる若手評論家も増えてきました。ペ・ヨンジュンがブレイクした頃は日本人のほとんどがK‐POPを知らなくて、リアルなK‐POPの状況を書かせてくれるメディアもなかった。書かせてくれても、「ピのことに関して書いてくれ」とか「パク・ヨンハについて」とか、部分的なものしかなかった。それから考えると隔世の感がある。それを強く思うのが第四次ですね。
――NewJeansのデビュー曲『Attention』には、九〇年代に日本を席巻したSPEEDを彷彿とさせるものがありました。
まつもと　邦楽や洋楽をそれなりに聴いてきたと自負する人にとっては音楽的な仕掛けの多さが気になるポイントだろうし、アイドル好きな人にも刺さるビジュアルも持っている。若い世代にとっては親近感がわく存在で、ダンスを見ると真似したくもなる。それまでのK‐POPの流れを知らなくても問題ない、敷居の低さがある実力派のガールズグループが登場したのだから、あらゆる層が食いついたのもうなずけます。
桑畑　政治とか思想を超えている。
まつもと　そう、超えちゃってますよね。

左から、2018年のKCONにて、PRODUCE48の企画の告知。オーディション番組「PRODUCE101」から誕生し、当時大人気だったWanna Oneのカン・ダニエル（いずれも桑畑優香提供）

韓国型のYOASOBI人気

八田　『愛の不時着』『梨泰院クラス』を見て、その後にどこに行こうかさまよっていた時に、オーディション番組を見ました。

まつもと　オーディション番組は韓国では二〇一〇年代からあって、そのおもしろさが届いたのは確かに第四次。日本に伝わった感がありますね。

八田　NiziUから見始めて、JO1*、INI**、ME:I（ミーアイ）***と楽しく見ています。

*日本のグローバルボーイズグループ。韓国の人気オーディション番組「PRODUCE 101」の日本版「PRODUCE 101 JAPAN」の合格者一一人で結成、二〇二〇年デビュー。

**「PRODUCE 101 JAPAN SEASON2」を通じて結成、二〇二一年デビュー。メンバーは日本人一〇人、中国人一人の計一一人。

***「PRODUCE 101 JAPAN THE GIRLS」で選抜された、一一人組のガールズグループ。

まつもと　NiziUは日本のソニーミュージックと韓国のJYPエンターテインメントが共同で実施した「Nizi Project」というプロジェクトから誕生した女性九人組で、韓国の大物プロデューサー、J.Y. Parkが中心となって発掘・育成している。一方のJO1は、韓国の人気オーディション番組「PRODUCE 101」の日本版で選ばれた男性一一人からなるグループ。どちらも韓国出身のメンバーがいないにもかかわらず、一糸乱れぬダンスパフォーマンスや華やかなビジュアルといったK-POPらしさをちゃんと引き継いでいる。非コリアン系のアーティストを育てる流れがこの二組で確立したような気がします。二〇二四年はME:Iの活躍に期待できそうですね。

桑畑「PRODUCE 101」はコロナの前から人気で、「PRODUCE 48*」でAKBグループとコラボして、日本人を入れる爆発力を知った。コロナ前にJO1が生まれた「PRODUCE 101 JAPAN」が始まって、彼らのデビュー曲のリリースがコロナ禍の始まりの頃だった。韓国のアーティストが来日できなくなったというタイミングもあったかもしれないですよね。

まつもと　JO1とNiziUがコロナの時、日本のK-POPファンの渇望感をぜんぶ埋めてくれた。華があって実力もある人材をちゃんと輩出したんですよね。彼らが紅白歌合戦出場まで いったのは当然でしょう。

桑畑　若い世代は嫌韓とかも気にしてないし、オーディション番組を見て、応援しているのだと思います。
――韓国でも変化が確実に起きていて、最近は若い層にJ－POPが人気を博しているそうですね。
まつもと　最近では男女二人組のYOASOBIが歌ったテレビアニメ『【推しの子】』（二〇二三年）のオープニングテーマ『アイドル』がものすごく受けました。同アニメのヒットやTikTokでK－POPアーティストたちが踊ったことが起爆剤となって、ヒットチャートへ。それから韓国の有名な音楽番組に出たり、韓国公演を成功させたりと、YOASOBIはあっという間にメジャーな存在になってしまいました。コロナ禍の日本ではJO1やINI、NiziUといったグループの活躍で「K－POP的なものがいい、国境は関係ない」と思うような層が増えて、韓国ではYOASOBIをはじめとする日本の音楽を素直にいいと言うリスナーが増えている。いい状況になってきたと思います。
桑畑　アニメと絡めてうまく日本のコンテンツを盛り上げていますね。
まつもと　YOASOBIがやっているのはデスクトップミュージックですが、ボカロ的なメロ

＊二〇一八年に日韓同時放送された公開オーディション番組。合格者一二人がグローバルガールズグループ「IZ*ONE（アイズワン）」としてデビューした。

ディを人力でやったところが個性となっている。

桑畑　韓国でボカロは人気がありますよね。『オクジャ』の取材をした時に、当時一三歳ぐらいだった主演のアン・ソヒョンが日本の音楽が大好きで、アニメソングやゲームミュージックの制作も手がけるシンガーソングライターのまふまふが好きだと言っていて。結構前から韓国に入っていたようです。好きな人は好きで、YouTubeとかで聴いていたのかもしれませんね。

まつもと　YOASOBIの音楽を作っているのは、ボーカロイドで頭角を現したメンバーのAyaseさん。だからそちら方面の受けが良いのでしょう。プログラミングで作られた、生身の人間が歌うにはかなりハードルが高い音楽を、ヴォーカル担当のikuraさんはこなすんです。急な転調とかリズムの変化をきれいに歌うんですよ。それがボカロっぽくて人気がある。

桑畑　YOASOBIは韓国だけじゃなくて、世界中で人気がありますよね。

まつもと　本人たちの魅力もあるし、さらにアニメの後押しもあった。海外での人気は今後もっと高くなりそうです。韓国に限って言えば、K-POPってモデルのようなスタイルの子たちが多いけど、YOASOBIのメンバーおよびバックミュージシャンは比較的小柄で、それぞれが演奏しながら自由に踊っている。とても日本っぽい感じがしました。韓国の一糸乱れぬダンスとは違って、ナチュラルさが前面に出ているんですよね。自分たちの国にはないテイストがあるから、韓国の若い世代は特におもしろがったんじゃないかなと思います。

桑畑　でも地上波の壁はまだ厚いですね。日本語の歌の放送を禁止する法律はないのですが、韓国ではいまだに放送されない。何が理由というのはなくて、韓国のテレビ関係の人に尋ねても「なんででしょうね、そういえば」と首をかしげる。ただ、地上波は老若男女が見るので、特にポピュラーなものを流したときに、反響が想像できないと言うんです。

若者の間ではアナログレコードが流行中。ソウルには専門店も（まつもとたくお提供）

——やはり年配の世代には、植民地時代に由来する、負の感情の名残があるのでしょうか。一〇～二〇代には、日本のアニメにあこがれてYouTubeで日本語を独学した人もいますよね。

桑畑　日本語の歌詞にあこがれるような感覚というものがモヤモヤするんじゃないか、と言う韓国人もいます。言葉を押し付けられた歴史があるから。

まつもと　韓国は建国時から日本の大衆文化を規制してきましたからね。流れが変わったのは一九九八年で、当時の大統領だった金大中が日本の大衆文化解禁の方針を表明したのを受けて、同年から二〇〇四年まで四段階に分けて受け入れ始めた。日本語詞の音楽CDが韓国のお店でちゃんと販売できるようになったのは二〇〇四年なので、実はそんなに昔の話ではない。

桑畑　最初に解禁されたのは映画で、北野武監督の『HANA-BI』（一九九七年）や岩井俊二監督の『Love Letter』（一九九五年）で「お元気ですか」というセリフが流行したこともありました。

まつもと　一方で韓国では二〇二三年、XG（エックスジー）という日本人の七人組ガールズグループが英語で歌って地上波に出演している。アメリカでの人気も急上昇しているので、やはり英語は強いですね。

八田　日本人というよりも、地上波で日本語で歌うことが問題ということですよね。

まつもと　それに、老若男女の特に「老」が何か言わないかというのを地上波は気にするのでは？

桑畑　ラジオでは深夜に、たまーに日本の曲がかかるんですけど、昼間のラジオだとK－POPとかトロット（韓国の大衆音楽）が普通に流れていて。懐メロも多いですね。

左から、冷凍マンドゥと、電子レンジ調理できるトッポッキ（いずれも八田靖史提供）

「モッパン」が世界に拡散

――この時期は、韓国の「食」が世界的に広がり始めた時期でもありましたね。

八田　映画『パラサイト』で「チャパグリ」がクローズアップされたのが始まりでした。チャパグリの功績は、全世界の小売店に韓国のラーメンを入れたことだと思うんですね。これで韓国の食品メーカーと、スーパーのバイヤーとの間でパイプが生まれて、他の商品も入りやすくなった。そこにコロナ禍によって家庭での食事が増え、ラーメンのみならず、冷凍のマンドゥとか、電子レンジ調理できるトッポッキとかが韓国の食品輸出を押し上げました。二〇二一年がもっとも顕著で、農水産食品の輸出額*は二〇二〇年の九八億七〇〇〇万ドルから、前年比一五・一％増の一一三億六〇〇〇万ドルまで急増しました。初めて一〇〇億を突破して

＊韓国農水産食品流通公社「ＫＡＴＩ（農食品輸出情報）」による。

ニュースになりましたし、その後も、二〇二二年は一一九億六〇〇〇万ドル、二〇二三年は一二〇億二〇〇〇万ドルと好調に推移しています。

韓国の関税庁が二〇二一年五月に出した報道資料では、ラーメンの輸出が好調な理由として「韓国映画『パラサイト 半地下の家族』に登場して世界の人たちの注目を集めた」と具体的な名前を出して書かれていますし、トッポッキについては「世界的人気のＫ－ＰＯＰグループを通じて紹介され」と名前はぼかされていますけれども、BTSの影響が大きかったと分析しています。

——その前段で言えば、世界中のユーチューバーが激辛の炒め麺「ブルダック」を食べて辛いと悲鳴を上げる動画を投稿し、拡散された。二〇一八年ぐらいでしょうか。

八田　以前、仕事で韓国ラーメンの年表を作ったことがあるんですが、二〇〇〇～一〇年代はあまり話題がなくて、二〇一二年発売の「ブルダック炒め麵」だけが燦然と輝いていました。海外を含めて売れに売れた商品ですね。発売元の三養食品は、一九六三年九月一五日に韓国でインスタントラーメンを初めて発売した会社でもあります。

——「モッパン」は日本で言う「グルメ動画」ですけど、英語でも「MUKBANG」と言って通じるぐらい広まってますね。

八田　すっかり「モッパン」で通じるようになりましたね。イギリスの『オックスフォード

左から、ダルゴナコーヒーと、マヌルパン（いずれも八田靖史提供）

英語辞典』にも掲載されているそうです。動画を通じて食が拡散していくのは全世界的な流れですが、コロナ禍の初期に流行ったダルゴナコーヒー（牛乳の上にふわふわに泡立てたコーヒークリームをのせたドリンク）も、自宅での時間があり余る中で、作る過程の面白さから世界中に拡散しました。韓国のカフェ文化やスイーツも動画を通じて広まっていますし、第四次の象徴的なアイテムとしては、コグマパン（見た目がサツマイモにそっくりなパン）とか、マヌルパン（ガーリックバターを染み込ませたパンに甘みのあるクリームチーズを挟んだパン）を、世界中で作ったり食べたりして拡散していく流れがありました。

桑畑　マヌルパン、昨年訪れたマレーシアのパリバゲット（韓国のパンのチェーン店）で売っていました。

八田　マヌルパンは日本よりも東南アジアで先に流行って、「コリアンクリームチーズガーリックブレッド」という名前で広まりました。韓国から日本という流れだけでなく、世界中で一緒に盛り上がって共有する感じにもなっていますね。

ビビンバをファストフード化した商品「bibigo」のビビゴライス（八田靖史提供）

——韓国食品振興院という政府機関もあって、韓食を世界に広めようという明確な役割をもっていますね。

八田　李明博大統領時代の二〇一〇年、当時は「韓食財団」として韓食の世界化を目標に設立されたんですよね。韓国料理を世界の五大料理にするとの掛け声もありました。それが、二〇二〇年からの第四次ブームでちょうど花開いたと言ってもいいのかもしれません。

桑畑　けっこう前から仕込んでいるんですね。

八田　この時期に韓食の世界化というキーワードが広く共有されて、韓国料理を世界へ羽ばたかせるんだ、と国全体で強く意識したのが大きくて。例えば、冷凍マンドゥなどで有名な大手食品メーカーのCJは、ビビンバを世界的なファストフードに育成することを目指して「bibigo」というブランドで中国、アメリカ、シンガポールなどに進出しました。韓国語で混ぜるという意味の「ビビム」と「to go」（持ち帰る）の合成語なんですけど、「ビビム」には異文化との融合、「go」には世界を目指すという意味があるそうです。それがいまも全世界でロゴとして使われていることを考えると、あの時期に世界化を掲げて動いたことは大きかったと思います。

「渡韓ごっこ」「韓国っぽカフェ」

――日本のコンビニで韓国料理が登場するようになったのも、最近の現象です。

まつもと　韓国内で売られているお菓子がハングルの名前のまま日本のコンビニで売られるようになったのはここ数年ですよね。

八田　第四次ならではの現象です。コンビニでも韓国フェアが開催されて、韓国料理店とのコラボ商品も開発が盛んになりました。トレンドにも敏感になって、クァベギ（ねじり揚げドーナツ）とか、ロゼトッポッキ（コチュジャンをベースに生クリームや牛乳を混ぜてロゼ色にしたトッポッキ）とか、新大久保で流行った料理が続々と商品化されるようになっています。ハングルで書かれたパッケージも当たり前になりましたし、売れるという実績もできました。

まつもと　ハングルでも売れているというのは消費者側から見てもすぐわかりましたね。

八田　韓国コーナーができていたりしますもんね、売場に。

まつもと　グミも人気じゃないですか？　あれもハングル表記のままですね。

左から、地球グミ、「チャミスル」と「午後の紅茶」を一緒に並べたコンビニの陳列（いずれも八田靖史提供）

八田　小学生に人気ですね。我が家も子どもが小学生なんですが、TikTokやYouTubeで流れてきて、一時期ものすごくハマっていました。原宿までわざわざ「地球グミ」（地球儀のような見た目で、中にはマグマをイメージしたベリーソースが入っている）を買いに行ったりとか。もともとはドイツのお菓子なんですが、韓国のインフルエンサーが流行らせて、目玉グミとか、サッカーボールグミとか、いろいろ出ていましたね。最近は新大久保を歩いていても親と一緒の小学生をけっこう見るんですが、連れられて来ているだけでなく、流行りのグミが欲しいとか、YouTubeで見たスイーツを食べたいとか、BTSが好きだとか、しっかり韓流のファン層に入っているんです。

――緑の瓶の韓国焼酎も日本のコンビニで見かけるようになりました。韓国ドラマの影響なのでしょうか。

八田　韓国ドラマの影響もありますし、「チャミスル」*の酒造会社眞露が、韓ドラあるあるを詰め込んだドラマ風のCMを作って話題になったりもしましたよね。若い世代にフルーツフレーバーの韓国焼酎が支持されているのは、口当たりのよさと、やや低めのアルコール度数が受けているのかと思います。一時期、チャミスルのマスカット味を「午後の紅茶」で割って飲むのが流行って、そのセットがコンビニにポップ付きで売られていて、すごい時代になったなと思いました。

スーパーやコンビニといった小売店に韓国関連の商品が増えたことは第四次の大きな変化ですが、もう一つは全国各地に韓国スーパーができて、わざわざ新大久保や大阪の鶴橋に行かなくても欲しいものが買えるようになったこと。韓国に行けないぶん、手近なところで韓国のものが食べたいというニーズを満たした点で、デリバリーのチキンや、テイクアウトのキンパと同じ図式ですね。

これらを携えて、誰かの家とかホテルに集まって、配信ドラマやK－POPライブを見て、「渡韓ごっこ」を楽しんだのも第四次ならではかと思います。

――それまでも韓国食材のお店は全国のいろいろなところにあったけど、主にそこに住んでいる韓国人向けだったものが、日本人が普通に買いに行くものになって数が増えたということでしょうか。

＊韓国国内シェア五〇％以上を占める焼酎。

桑畑　韓国に限らず、台湾ラーメンとか、中東の味付けをしたせんべい「ハリッサせんべい」が売られていたりして、日本の食生活が海外のものを受け入れやすくなったのはあると思います。二〇二三年に開業した東急歌舞伎町タワーに、ネオンで飾られたフードコートがあって、日本全国の地方ごとのブースがあるんですけど、その中にイタリアンと韓国料理と、中華料理があるんです。それはたぶん、地方料理と同じくらいのレベルで韓国料理が日本で日常的に食べられているということですよね。ひとつの象徴的な例です。

八田　身近な度合いが増しましたね。

まつもと　八田さんが国内出張でも韓国料理を食べているのは、結果的にそうした状況を証明していますよね（笑）。

八田　第四次ブームで明らかに国内の韓国料理事情が充実したので、意識してそれを食べ歩いています。従来のコリアンタウンだけでなく、名古屋の大須(おおす)商店街とか、京都の河原町一帯、福岡の天神、大名あたりなど、繁華街に韓国料理店や、韓国カフェ、ストリートフードの店が増えて、ミニコリアンタウン化しているところもあるかなと。

桑畑　スーパーに行くとタッカルビの素とかもありますしね。ああいうのをメーカーが出し始めたのも大きいかもしれない。

まつもと　いろんなメーカーから出ていて違いがある。スンドゥブもたくさん出ているし。

八田　タッカルビやスンドゥブチゲの素は第一次からあるんですが、参入する企業が増えていますし、店頭に並ぶ料理のバリエーションも幅広くなっていますね。購入側としても、みんながなんとなく韓国料理の感覚をつかんで、家でも作れそうだなと思い始めているのかもしれません。

桑畑　お友だちと韓国料理店に行って、何を食べたいか聞いたら、サムギョプサルか、チーズタッカルビと。強いですね。サンパッ（包みごはん）とかどうかと聞くと、それは知らないと。韓国料理といえば焼いてみんなで食べるというイメージが強いですね。

八田　そのあとにカフェに行きたいとかそういうニーズはないですか？　第四次の副産物はカフェブームですね。

桑畑　おしゃれなものが増えましたよね。韓国っぽい、店の中に木が生えているようなカフェ。

――ソウルのカフェ巡りを目当てに週末に韓国へ行く日本の若者が一定数います。

八田　カフェ巡りはもはやメイン級の楽しみになりましたよね。第二次、第三次の頃もカフェは人気でしたが、第四次に入ってより加速した印象があります。新大久保のカフェで取材をしたときは、二〇二〇年に流行ったトゥンカロン（デコレーションを施した大きなマカロン）がきっかけになったのではとの話がありました。このあたりから韓国のスイーツが次か

トゥンカロン（八田靖史提供）

ら次へと入ってくるようになって、次はクロッフル（ワッフル型をしたクロワッサン）だ、糸ピンス（細い糸状の氷を重ねたスイーツ）だ、クァベギだと、ネクストのアイテムをみんなで追いかけるようになっていきます。韓国旅行が復活してからは、そういった最先端のトレンドを求めて、みんながソウルのホットスポットを巡っている感じですね。

まつもと　その前は、日本のお菓子や喫茶店の方がいいというムードもあったじゃないですか。変わってきましたね。

八田　韓国に行けないぶん、日本の中の「韓国っぽカフェ」が注目されたのが大きかったかと。「韓国っぽ」という言葉自体は第三次のかなり初期からあるんですけど、若い世代が韓国のカルチャーを取り入れる中で、そこに近付いていく楽しさをよく表現した言葉だなと思います。「韓国っぽカフェ」という言葉も、第三次の頃からあるんですが、韓国にありそうな、パステルカラーを基調とするかわいい雰囲気のカフェだったり、シンプルで無機質なインテリアだったり、オシャレなスイーツがあったりと、なんとなくその特徴はわかるのですが、若い世代の感性なので厳密にどこがどう「韓国っぽ」であるのかは正直よくわからなかったですね。第四次では明確に韓国を押し出したカフェが全国的に増えて、そもそも看板がハングルだけだったりとか、少しわかりやすくなった感もあります。

――それは新大久保が発信源なんですか？

八田　新大久保ということもなく、東京であれば渋谷とか表参道とか。大阪や、福岡あたりでも顕著でしたし、全国の大都市、中都市で似た現象があったと思います。コロナ禍の間はみんな自分のいる街から出られないので、「地方×韓国」の情報発信を始めた人も増えましたし、各地で盛り上がった印象があります。

二〇二一年ぐらいからカフェが増え始めて、二〇二二年にぐんと加速した感じですね。この頃には本格的に外で食べるのに支障がなくなってきたので、チュクミ（イイダコ鍋）のブームとも重なって盛り上がりました。

桑畑　ちょっと前に韓国っぽいインテリアの「2D Cafe」*とか流行りましたよね。推しの顔をラテ・アートにしてくれるお店も。写真を持っていくとそれがドリンクのクリームの上に

左上から時計回りにチュクミ、UFOチキン、10円パン、チーズキンパ（いずれも八田靖史提供）

プリントされるんです。そういう楽しみ方をする人もいれば、今韓国で流行っているクールな色合いとか、ススキが生えているような個性的な内装のところもある。

チーズの系譜

――新大久保の状況はどうですか。チーズハットグはチーズタッカルビのあとを継ぐ料理として新大久保でもメジャーになったような気がします。

八田　チーズタッカルビ、チーズハットグから続くチーズの系譜がありまして、ＵＦＯチキン、チーズボール（甘いパン生地でチーズを包んで揚げたスナック菓子）あたりまでが第三次。その後、チーズキンパ、10円パン（一〇円玉をデザインしたチーズ入りパン）が第四次でバトンを受け取りました。
　ただ、チーズ以外で第四次を象徴する韓国料理は、先ほどもちらっと言いましたがチュクミだと思いますね。二〇二二年のゴールデンウィークあたりからすごく盛り上がって、まだ韓国には行きにくいけど、国内ではずいぶん移動できるようになった時期に、大勢の人が食べに行って行列を作っていました。火付け役となった「ホンスチュクミ」も、「チュクミドサ」も韓国からの進出店なので、長らく飢えていた本場の雰囲気を感じさせるのもよかったのかなと解釈をしています。

桑畑　チュクミという名前が可愛いのもあるかもしれないですね。作るのは難しいですけど。イイダコを集めるのが大変だし。今は何が流行っていますか？

八田　二〇二三年は薬果（ヤックァ）（小麦粉と蜂蜜、ゴマ油などを混ぜ合わせた生地を揚げた韓国の伝統菓子）の年でしたね。韓国でも伝統菓子のブームが拡大していて、薬果、ケソンジュアク（もち米粉にマッコリを練り込んで丸めて揚げたお菓子）、あるいは韓国餅、伝統茶など昔ながらのものを洗練させて、洋菓子や洋食材とも掛け合わせながら、現代風にカフェなどで提供するのが流行っています。

＊新大久保にあるカフェで、二次元に入り込んだような感覚が味わえる内装が特徴。

薬果アイスとプレッツェルを載せたケソンジュアク（八田靖史提供）

桑畑　薬果は小さいサイズの小分けパックにしたのが正解ですよね。大きいと食べきれないけど、小さいとコーヒーに合わせるのにちょうどいいし、お土産にもよくて。新大久保でも売られていますよね。

八田　韓国スーパーで売られているほか、店で作って出しているところもありますね。

桑畑　韓国では、トラディショナルなお菓子が現代的なパッケージでコンビニで売られるようになりましたね。食べやすくなっている。昔はビニール袋に入れて道端で売っていたから、買いづらかったけど。今はコンビニでポテトチップスの横とかで売っているから手に取りやすくなりましたよね。現地がおしゃれになった。

今後のトレンドは？

――韓流以前と比較して、第二外国語に韓国語を選択できる大学が大きく増えました。

八田　韓国語の学習者は体感としても増えていますよね。二〇二一年には、韓国語の検定試験受検者が中国語を抜きました。*

桑畑　みんなアプリで勉強していますね。

八田　コロナ禍で生まれた時間に韓国語を学び始めた人も多かったようですね。語学アプリは「Duolingo」が有名ですが、日本でのユーザーは韓国語が英語に次いで二位。世界で見ても二〇二三年にはイタリア語を抜いて六位に浮上したそうです。

データ的なことでは韓国旅行もコロナ禍からの復調傾向にあって、二〇二三年の日本人訪韓者数は二三一万六四二九人で、二〇一九年との比較で七〇・八％まで戻りました。** 一〇、一一月だけを見ると、二〇一九年を超えているぐらいです。第四次韓流を韓国に行けなかった時期に盛り上がったブームと考えるなら、すでに次のステップへと移っている感がありますね。

＊韓国語は「『ハングル』能力検定試験」と「ＴＯＰＩＫ（韓国語能力試験）」を合算して六万八八一八人。中国語は「ＨＳＫ（漢語水平考試）」と「中国語検定試験」を合算して六万五九七九人。

＊＊韓国観光公社「韓国観光データラボ」による。

桑畑　もしかしてブームという言葉自体の意味が変わってきているのかなとも思いますね。グーグルトレンドで「韓流ブーム」と検索すると、数字的に第一次の盛り上がりがすごくて、第二次以降は一次ほど大きなうねりにはなっていない。ブームじゃなくて定着しているという見方もあるのかな。ただ、私たちの中で、波は確かにあるじゃないですか。Xを見ても、「韓流ブーム（死語）」と書いている人もいて。ポジティブにとらえるとブームじゃなくて定着しているという言い方もあるのかもしれない。

——今後、「第〇次」と呼ばれるような流行は、日本で出てくるでしょうか。

桑畑　いいアーティストや作品が出てきたら大きな波が来るだろうと思います。

まつもと　Ｋ－ＰＯＰはグローバルな人気を持つ巨大なジャンルになったので、日本だけでブレイクするアーティストは出ても、日本独自の大きなムーブメントは起こらないだろうという気がします。

桑畑　映画やドラマは現地の状況次第というのもあるけど、作品は作り続けているので、『冬ソナ』のようなエポックメイキングなものがでてくるかもしれない。『チャングム』がくるとは誰も思っていなかったし、チャン・グンソクがあんなかたちで弾けるとは思っていなかった。それは誰かが仕掛けるんじゃなくて、ファンの心の中からブームが生まれてくるのかなという感じがします。

まつもと　日本デビューさせて日本語の曲を歌わせて日本でプロモーション活動させる、という、これまでのスタイルが崩れてきている感じがしますね。BTSはまだ名残があって、韓国デビュー後すぐに日本デビューさせて日本独自の曲も作っていますが、NewJeansは正式に日本デビューしていない時期に日本で大々的に宣伝して、有名な音楽番組や紅白歌合戦にも出ている。

桑畑　個人的には、K－POPは逆にコロナが終わってからさらに盛り上がっている感じがします。アーティスト本人が来日するようになったからというのもあるのかも。ライブもマスクをしなきゃいけないとか、手拍子でしか応援できないというのがだんだん解禁されていった。大御所だけじゃなくて小さいライブも最近増えてきたんですよ。

まつもと　日本国内で切り取ってみると、確かにそうなんですよね。小さなハコでも興行ビザが出るようになって、新大久保のライブハウスで一カ月くらい公演するというスタイルが復活している。

八田　新大久保を歩いていると、告知をするアイドルたちについて歩くファンの姿をよく見ますよね。

まつもと　K－POPアーティストにとって日本市場というのはいまだに魅力的。昔の名前でファンが集まるケースも多い。NewJeansやBTS、NCT*といったスーパーグループが参加する公演は抽選の段階でソールドアウト、その次のクラスのアーティストでさえも、仮にチケット代が一万円以上でもすぐに売り切れます。

——NewJeans は日本語で歌わなくても、日本のファンがついていますよね。

まつもと　今どきですよね。日本語でオリジナル曲を出さなくても、かつての「外タレ」みたいな売れ方をしている。彼女たちは、二〇二四年六月に日本デビューシングルを出しますが、以降の活躍も楽しみです。

桑畑　一方でドラマはギャラが高くなって作るのが難しくなった。コロナバブルで一度上がった人件費はなかなか下がらないと聞きます。韓国は労働環境の規則が厳しいので、脚本を書く段階で脚本家にオフィスを用意するとか、投資の仕組みが整えられて莫大なお金がかかるようになっている。配信含めて作る業者が増えたので、椅子取りゲームが激しくなって、なかなか放送や配信の枠がブッキングできない。ドラマ化進行中のニュースが出たきりでいつまでも作られる見通しがないものもあるし、大作を作る傾向が強くなった。だけど逆に、脚本はしっかりした人を据えて、新人俳優を若い視聴者向けにブッキングする動きも出てきているから、多様化はしていると思います。

八田　次の波になりそうですね。

桑畑　以前だと「Ｋ‐ＰＯＰで有名なグループのメンバー」という感じでキャスティングを

していたけど、それは飽和状態だし、それだけで売れるという状況でもなくなってきている。内容がしっかりしたもので若い俳優を入れた方がいいのではないか、という動きが業界ででてきている。これは一つの波。ただまだそれは進行中で、何が流行るかはわからないですね。

八田 食でいうと、韓国では短期間にすぐトレンドが入れ替わるので、今後も新しいものが断続的にやってくるということになりそうです。チーズタッカルビのように天下を取るような料理が出てくるかはわかりませんが、弾数は多いのでいずれは当たるものが出てくるかなと。二〇二三年も韓国で伝統菓子が流行ったら、ほとんど時間差なしに日本でも出すお店ができて、薬果をフィナンシェと組み合わせたり、ケソンジュアクにプレッツェルを載せたり、韓国でやっているような最新のアレンジがどんどん試されていました。

桑畑 プレッツェルを載せるのがうまいですよね。餅だけだといまいち手が伸びにくいし。

八田 それから、ファンの年代がさらに下がっている気がしています。このあいだ小学四年生を相手に異文化について学ぶ特別授業をしたんですけど、冒頭に不意打ちのつもりで「ア

＊韓国や日本のほか、中国、アメリカ、カナダ、タイなどさまざまな国籍のメンバーで構成されたグループ。NCTは、「Neo Culture Technology」の略で、「活動グループやメンバー数の制限がない」という新たな概念を打ち出している。

ンニョンハセヨ」と挨拶したら、大きな声で「アンニョンハセヨ」としっかり返ってきました。「10円パンって知ってますか？」と聞くと数人が手を挙げてハイと言う。「最後に質問ありますか？」と聞いたら、「韓国はツの音がないんですか」と聞かれて、何でそんな深いところまで知っているのかと（笑）。どうも好きなＫ－ＰＯＰのアーティストが言っていたとかで、ずいぶん浸透しているんだなと思いました。

桑畑　いろいろな波がある中で、食べ物とファッションは割と時勢に左右されないというか、日韓関係が悪くなったからといって日本人が韓国のラーメンを食べなくなるということは起こらない。関係が悪くなると俳優やアーティストは来日するハードルが高くなるとか、プロモーションが厳しくなるというのがあるけど、お菓子やコスメや洋服は波が少ないですよね。

韓国の日本ブーム

――韓国コンテンツが世界のいろんなものを取り入れてフュージョンのようになっていく中で、間違いなく「日本」という構成要素は大きな比重を占めています。日本映画も『THE FIRST SLAM DUNK』（二〇二二年）や宮崎駿監督作品などのアニメを中心に大ヒットしましたし。

八田　韓国での食の最新トレンドは日本料理だと思います。塩パンが流行っていたり、天丼

左からソウルのスーパーに並ぶたくさんの缶ハイボールと、プレミアムキンパ風にごはんを減らした太巻き（いずれも八田靖史提供）

の店が増えたり、多くの人がハイボールを飲んでいたり、外装からインテリアまですべて日本式にこだわる居酒屋ができたりと。日本でキンパを喜んで食べている半面、韓国では日本式の太巻きが人気なんですけど、日本のものよりごはんが少なくて、二〇一〇年代の初めに流行ったプレミアムキンパ（ごはんを少なくして炭水化物を減らし、自身が必要とする栄養素を効率的にとれるように具を選択できるキンパ）の流れが活かされています。見た目にも映えるようになっていて、創作日本料理の店で出てはくるけど、韓国的なトレンドにもしっかり乗っている。

桑畑　コロナ期間中に取材も兼ねて、「今韓国で流行っている料理を教えてください」って言ったら、日本料理って答える人が結構いて。その時は「韓国料理を教えてほしかったのに……」と思ったんですけど、今思えば正しかったんですね。

――看板も日本語、メニューも日本語で、しかも値段の表記まで日本円といった店が増えていて、韓国のメディアでは「歴史感情もあるのにいかがなものか」という取り上げ方もされますが、二〇〜三〇代には人気のようです。

桑畑　コロナの間から、不思議な日本風の店が増えている。日本に行ったことがない人がやっているお店もあるみたいで、なんかちょっと面白い。

八田　韓国のネットニュースを見ていて、最新の日本スイーツ！　みたいな見出しの記事があったので読んでみたら、みたらしだんごを取り上げていました。そうか、みたらしだんごは新しいのかと。新大久保のトレンドを韓国側から見たら、こんな感じなのかなと思いましたね。

――植民地支配という歴史的な経緯もありましたが、今は日本を見る目はもう少しフラットで、韓国から気軽に行ける海外の観光地でもあり、そこで吸収したものを韓国に取り入れていく流れもあるので、韓流として日本に流入してくるものが日本に生きる我々にとって受け入れやすい理由の一つではないかとも思います。

八田　たぶん韓国人は今みんな、大阪とか博多とかいろんなところに出かけて行って、映えるアイテムを探してるんですよ。それがドーンとヒットすれば韓国中に広がる。先日も新宿の、大分県の豊後（ぶんご）サバを売り物にする海鮮料理店でご飯を食べてたら、後ろで韓国の飲食店関係者らしき人たちが、あーでもないこーでもない、名古屋の味噌カツはイケるんじゃないかと話をしてました。普通の日本料理だともう、韓国で目新しさがないんでしょうね。今まで韓国で食べたことがないレアなものが求められている。

――一発当てようとすると、そういう発想になりますよね。

八田　逆に韓国に行って、じゃあこれを日本に持って来ようっていう日本人もいるので、相互で、日韓だけじゃなく全世界で、みんながそうしているってことなんじゃないかとみています。

まつもと　どのジャンルも今後は日本のものが入っていく流れなのかな。韓国の音楽界も日本の音楽が徐々に食い込んできていますし。

――日本の大衆音楽が韓国で解禁されて約二〇年。音楽の楽しみ方も最近大きく変化しています。

まつもと　知り合いのプロモーターによると、最近は日本人ミュージシャンの韓国公演のチケットがよく売れているそうです。日本文化解禁直後に日本のミュージシャンが訪韓してコンサートをすることがありましたが、文化交流的な意味合いが強かったのは否めません。最近は若い世代が日本の音楽に関心を持つようになり、音源を聴くだけでなく生のライブを見たいという需要が増えてきた。これは音楽配信サービスが充実してきたことや、日本のアニメ関連の曲がクローズアップされる機会が増えてきたことなどが理由だと考えています。

韓国で今、日本の音楽が面白がられているのは、日本のものには型がありそうで、実はパターン化されていないところが多いからだと思うんです。自分たちでも同じようなことをやってみたりするけれど、やはり何か違う。J－POPの長い歴史のなかでトライ&エラーを繰り返してできた音だから、味わいが違うのも当然です。だからこそ日本人アーティストへの興味がわき、コンサートを見たいと思うのでしょう。

――互いの文化の違いを冷静に受け止めつつ、それを楽しめる世代が増えてきたんですね。

まつもと　ですね。日本文化を解禁した時は「日本の文化が入ってきたら我々の文化が浸食される」と危惧する声もありましたが、K－POPはいまやそういう状況じゃないので、韓国も自信を持っていますよね。だから、日本のものを前より受け入れやすくなっているんですよ。YOASOBIが入っていけたのもそのきざしだと思います。日本のミュージシャンが向こうで目立つ機会がもっと増えるのではないかなと。私もそうなることを願っています。

《第四次ブームまとめ》

・第四次ブームはコロナ禍のステイホームをきっかけとして配信の韓国ドラマを中心に拡大

・NewJeansが幅広い世代にヒット。韓国式のオーディションを取り入れた日本の番組からNiziUやJO1、INIなど非コリアン系のグループが誕生し、韓国のアーティストが来日できなかったコロナ禍で存在感を高めた

・『パラサイト　半地下の家族』が第七二回カンヌ国際映画祭で最高賞「パルムドール」に輝き、第九二回アカデミー賞作品賞を受賞。ネット配信ドラマでも『愛の不時着』『梨泰院クラス』『イカゲーム』が成功した。映画監督が配信ドラマを手掛ける傾向も生まれた

・『パラサイト』で「チャパグリ」が注目され、コロナ禍の巣ごもり需要もあって

韓国食品の輸出が世界的に拡大。日本では全国的に韓国料理店、韓国カフェ、韓国食品を扱うスーパーが増えて、より身近になった

最終章

なぜ私たちは韓国コンテンツに魅せられるのか？

「似てる」を入り口に

――座談会を締めくくるにあたって、皆さんの韓国文化との出会いを改めてうかがいます。桑畑さんは九〇年代半ばに韓国に留学されていますね？

まつもと　韓国に興味があったから留学したんですよね？

桑畑　最初はアメリカに留学していたんです。当時は日本で韓国の方と触れ合うことがなかったんだけど、アメリカにはいっぱいいて。一番思ったのは、「似てるけど違うな」ってところ。アメリカ人より見た目も、好きなものも、食べるものも近いから、居心地がよかったんですけど、仲良くしているうちにいろいろ違うところが見えてきたんですよね。

一緒にご飯を食べていると、会話しながらいつの間にか、私のお皿に乗っているおかずに箸を伸ばして食べてるんです（笑）。普通、ひとこと言わないかな、と当時は驚きでした。

八田　所有の概念が共有に近いんですよね。冷蔵庫に入っているものを普通に持って行っちゃうとか。最近はあまりやらなくなりましたね。

まつもと　韓国の人が避けがちな「一人飯」も増えてきましたし。

桑畑　韓国で下宿していた時も自分の部屋に固定電話をつけていたんですけど、パッと見ると誰かが私の部屋に入って電話を使っている（笑）。それは余談として、仲良くなった人が「マッチと明菜が付き合ってたけど別れちゃったんだよね」って言うから、韓国の人は日本のことをよく知ってるし好きなんだって思ったら、「いや、嫌いです」って言われてすごく衝撃を受けたんですね。

でもすごくよくしてくれた。二〇歳ぐらいだったから歌とか音楽とかドラマの話をするじゃないですか。アメリカのアジア食材店で韓国ドラマのビデオを借りて、ずっと横で通訳してもらいながら見ていたんです。「トレンディードラマが流行っている」と言われて、九〇年代だったので『東京ラブストーリー』*を思い浮かべながら見たら、カメラワークとか音楽がシンプルだったんですよね。あと、『101回目のプロポーズ』**のリメイク版同名映画

---

*東京に生きる若者を描いた柴門ふみの同名漫画をドラマ化。フジテレビの「月9ドラマ」として一九九一年に放送され、大ヒットを記録した。

**浅野温子と武田鉄矢のダブル主演で、一九九一年に放送されたドラマ。事故で亡くなった婚約者が忘れられない女性と冴えないサラリーマンの恋愛を描く。こちらも「月9」枠で人気になり、劇中のセリフ「僕は死にましぇ〜ん」がその年の新語・流行語大賞大衆部門にも選ばれた。

（一九九三年）の主演がキム・ヒエで、今も有名な女優なんですけど、その相手役の弟、日本では江口洋介がロン毛で演じた人物が刈り上げスタイルでずいぶん日本版とは雰囲気が違うな、似ているけれどすごく違うんだなってところが韓国に興味を持つきっかけでした。あとは音楽。カン・スージー*とかを友人が聞かせてくれて、自分が知ってるチョー・ヨンピルとは違うなと思って、興味を持ちましたね。

――韓国に行ったのは？

桑畑　一九九三年です。そのアメリカの学校で韓国への交換留学制度が一枠あって、先生に「これはアメリカ人が行く枠なので、日本でそういう制度を利用してください」って言われたんですけど、願書を出したら他にアメリカ人の応募がなくて、無競争で韓国の延世（ヨンセ）大学に行けることになったんですね。

韓国で語学学校に通っていた時は、韓国人ではなく留学生たちと触れ合うわけです。でも韓国の社会を知りたいなっていうときに映画を観ると、韓国の価値観がわかる。周りの人が笑ってたら、なんでここが面白いのかな？　とか気になり始めたんです。それが映画を観始めたきっかけですかね。

――今まで韓国への興味が続いている理由は？

桑畑　まだ韓国についてよくわかっていないからだと思いますね。全てを理解しつくしていないので、韓国人との関係の中で地雷を踏みながら学んでる（笑）。留学していて思ったのは、映画の中で日本人がだいたいめちゃくちゃ悪い人として描かれていた。罵倒したり刀で斬りつけたり、そういうのが多かったんです。そういうのを見て、韓国人が日本のことをどう見てるのかな？　っていうのは思っていました。「それって極端じゃないの」って言って、焼肉を食べながら韓国人とめちゃくちゃ喧嘩したことがあります。日本人だとそこで亀裂が入ったり、もう二度と会いたくないってなるかもしれないけれど、韓国人って正直にものを言うと逆に受け入れてくれるから、「オンニ、コマウォヨ（姉さん、ありがとう）」って言われたりして、最後は腕組んで帰るんですよね。

まつもと　そこは韓国ですよね。

――日本の作品と一番違うなと感じるところは？

桑畑　いろんなことを包み隠さずストレートに描いているところはあるかもしれないですね。愛情表現にしろ政治的なメッセージにしろ。

まつもと　それはありますよね。

＊一九九〇年に歌手デビューし、九〇年代の音楽シーンを牽引。一九九五年には日本デビューを果たし、バラエティー番組でも活躍した。

桑畑　あと、私にとっては謎だったところのヒントみたいなものが、作品に隠れているような気がします。韓国で何が流行ってるのか。ファッションも社会問題も、まとめて見られる。たとえば、南北関係の描き方も映画を見てると変遷がわかる。南北が融和したとか、今ちょっと厳しい状態だとか。映画『宝くじの不時着　1等当選くじが飛んでいきました』*（二〇二二年）を見るとコメディにできる時代になったんだな、とか。大統領の描き方も、「この大統領は悪者っていうのが社会共通の意見なんだな」とか、市井の暮らしからなかなか手の届かない政治まで、どういう描かれ方をして観客がどう受け取っているかを、映画の二時間でわかるところがある感じがするんですよね。

――なぜ韓国のコンテンツに惹かれるんですか、という問いに答えるとしたら？

桑畑　何でですかね。「似てる」ってところはあるかもしれないです。特に最近、アメリカのドラマが日本で見られなくなってきていると、海外ドラマのメディア担当者から聞いたことがあります。なぜかっていうと、問題になっていることが違いすぎるから。

まつもと　身近じゃないですよね。

桑畑　アメリカとは抱えている問題とか家族の形が違うんですよね。LGBTQにしても描き方が異なる。韓国ではそういうジェンダーの問題とか働き方とか、家族の関係とか、前提となっているものがすごく日本に近いから、共感のツボが近いのではないかと思います。逆に、日本だったらお姑さんにははっきり言えないという時に、韓国ではばっと喧嘩したりします。日本だったらうやむやにしてしまう問題を表面に出しているところに、代理満足を感じたり、共感しやすいのかなって。
アメリカで最初に韓国人に出会った時に、話が同じ目線という感じがしました。「（韓国と日本は文化的に）地続きだ」と言う人がいますけど、韓国のフェミニズム文学が日本で受けるのも地続きの問題だから、って言う若者もいますね。日本ではうやむやにされて書かれなかったこと、書けなかったことが言語化されてるから共感するんだ、って。

八田　全部が全部というわけではないですけど、一部は韓国の方が早いなってものがたくさんあるじゃないですか。インターネットの高速化も韓国の方がはるかに早かった。キャッシュレス化も圧倒的に進んでいる。日本が課題にしていることを韓国がずっと先に行っている部分もあると思いますね。

桑畑　「漢江（ハンガン）の奇跡」と言われる高度経済成長から約三〇年で先進国入りしたのと一緒で、高齢化の速度も日本が戦後七〇年くらいかけてきた問題を、韓国は二〇〜三〇年で近づいてき

＊南北の軍事境界線を越えた、一枚の宝くじ。賞金六億円の当たりくじを巡り、韓国と北朝鮮の兵士が奇妙な友情で結ばれていく。

た感じはありますよね。少子化も日本を抜いちゃいましたよね。二〇二三年の時点で合計特殊出生率は〇・七二ですよね。私が留学してたときの友達って、三人以上のきょうだいが普通だったけれど、今は「非婚」という考え方も増えている。変化が早いですよね。その分、可視化されるのも早いのかな。

まつもと　男尊女卑みたいなところは日韓どちらの国にもあるんだけど、K‐POPだったらガールクラッシュ的な歌詞やパフォーマンスでそれに異を唱えて、「ひとりの人間として生きるんだ」っていうメッセージをすごく強く打ち出す。それを商売にしちゃうっていうね。そういう動きは早いです。

近づくほど深みにはまる

――八田さんはなぜ「コリアン・フード・コラムニスト」になったんですか？

八田　僕も留学ですね。一九九五年に大学に入って、アジアについて学ぶ専攻を選んだので、第一外国語として中国語か韓国語のどちらかを必修でやりなさいと。クラスに二一人いたんですけど一八人が中国語に行って、韓国語は三人でしたね。当時は仕事にしようとか、まったく思ってはいなかったんですけど、アジアのことを学びたいという意識はあって。一九九七年に日韓の青少年が集まって環境問題をテーマに活動をする交流プログラムがあって、

「韓国語やってるんだったら行ってみない？」と誘われて韓国まで行ってみたら、同世代の友達ができました。それをきっかけに、もっとこの国の人たちと話したい、知りたいという気持ちが生まれました。

――なぜ中国語と韓国語でマイナーだった方を選んだんですか？

八田　どうせやるなら人と違うほう、という天邪鬼（あまのじゃく）な気持ちもありましたけどね。大学受験の時に世界史を選んだんですが、センター試験はその年の重要なニュースがあった地域から選ばれる、という噂が身の回りで飛んで。ちょうど北朝鮮の金日成（キムイルソン）主席が亡くなった時だったので、それなら朝鮮史かなと。それでいろいろ勉強したのと、当時は戦後五〇年で、テレビで慰安婦問題などが議論されるのを見ていて、なんとなく朝鮮半島のことを勉強しようかなと思ったのが表向きに語れる理由です。裏向きにもいろいろあるんですけど、いずれにせよ、こんなに長く携わることになろうとは当時は思っていなかったです。

――留学したのは？

八田　僕らの頃は就職氷河期で、一年上の先輩が本当に苦労していたんですよね。それを見ていたので、だったら好きなことをやろうと、大学を休学してフリーターを始めました。子どもの頃から物書きになりたかったのと、当時お笑いコンビの猿岩石がユーラシア大陸横断ヒッチハイクをやる番組が人気だったので、バイトで貯めたお金を持って世界一周のバックパック旅行に出て、旅日記を書こうと思ったんです。でも、それだと休学の理由としてはふさわしくないので、韓国留学とその資金準備のアルバイトということにして届け出を出しました。

そうしたら、あるとき友人が、「世界一周して物書きになれなかったらただ遊んでただけということになるけど、韓国に留学に行ったら少なくとも語学は残るよ」と言ってくれて、確かにそれはそうだなと。ちょうど韓国の食文化をテーマとして卒論を書くつもりだったので、あちこち食べ歩いて留学記にしようと方向転換しました。二〇〇二年にようやく卒業したのですが、直後に韓流ブームが始まり、それが仕事になって物書きになる夢も叶いました。

――卒論のテーマをドラマでもなく音楽でもなく、食文化にしようと思った理由は？

八田 大学二年の時にたまたま唐辛子の歴史をレポートにして出したら、随分褒められたんです。日本料理は辛くないのに韓国料理は何であんなに赤くて辛いんだろう？　というところが出発点で、桑畑さんもおっしゃっていましたけど、やっぱり似てるんですよね、食文化も。

桑畑 材料は似てますよね。味付けが違うんですよね。

八田 そう、同じ材料でも出来上がりが全然違う。でも、根底にあるものはけっこう同じで、「ご飯」のことを僕らは「お米を炊いたもの」という意味でも使うし、「食事」という意味

韓国の飲食店でご飯をよそっているところ（八田靖史提供）

でも使う。韓国語の「パプ」もまったく一緒です。日韓ともに「ご飯を食べる」のは「お米を食べる」ことだと共通している。そうするとお米に合うおかずが作られる。だから根本的な部分で日本と韓国の食文化は相互に口に合うようにできているんです。なのに出来上がりは違う。じゃあ、なんで違うんだろうと。歴史とか、文化とか、いろいろな切り口から迫っていくんですけど、その過程こそが韓国料理に感じている、近づきやすくて、でも近づいてみると奥が深いという魅力なんだと思います。そのあたりが食の面から見た「なぜ韓国のコンテンツにひかれるのか」という答えになるのかなと。

——日本と韓国の料理の違いはどういうところでしょうか？

八田　まずはダシの違いですね。日本ではかつおぶしとか、煮干しとか、昆布とか、魚介を多く使いますが、韓国ではそれらに加えて牛骨などの肉ダシが入ってくる。日本も朝鮮半島も仏教が入ってきて殺生をしてはいけませんという時代が長く、肉食は表向きタブーだったのですが、朝鮮半島では一四世紀の終わり頃、高麗王朝の末期に元の支配を受けたことをきっかけとして肉食が復活していきました。その後の朝鮮王朝は儒教を国の教えとしたので、タブーがなくなっていくのに対し、日本では明治維新まで待たなければなりませんでした。肉を食べる歴史が長い分、食文化における重要度がより高いように思います。

それと、韓国には中国から伝わった陰陽五行思想というのがあって、五味五色という五つの味と色がバランスよく整っていることをよしとします。日本では「さしすせそ」と味の染み込む順に調味料を足していくのを基本とするのに対し、韓国では最初から混ぜ合わせたヤンニョム（合わせ調味料）で味付けをすることが多いです。また、日本では素材の味を活かすように調理をしますが、韓国だと味を重ねていくことが多いですね。例えば、刺身は日本だとワサビ醤油につけますが、韓国ではチョジャン（唐辛子酢味噌）につけたり、葉野菜に包んでニンニク、青唐辛子、味噌などと一緒に食べます。いろいろな味が複合的になってこそ美味しいという。そもそものベクトルが違うように感じますね。食材は同じでも、ダシと味付けが違うことで、だいぶ違った料理になります。

――今までこの仕事を続けてこられた理由は？

八田　知れば知るほど奥が深いなと。歴史を知らないと料理の背景を語れませんし、地理を知らないと地域と食材の関係が見えてきません。どの専門家もそうだと思うんですが、近づけば近づくほど深みにはまっていくんですよ。もっと知りたいという気持ちがモチベーションになっているのと、ありがたいことにその需要がある。韓流が盛り上がっているおかげで今、その周りの文化に関心を持つ人がいて、幸いにも続けてこられたという気がします。ヨン様に足を向けて寝られませんし、最近はBTSにも足を向けて寝られません（笑）。

ただ、YouTubeなどが当たり前になってきた時点で、韓国に住んでどんどん最新のトレンドを発信する人には追いつけなくなっていると感じますね。リアルタイムのトレンドとか、若い世代が引っ張っているカフェとかスイーツのブームとか、やっぱり年齢を重ねていくうちに見えなくなるものがあるなあとは思っていて。

そのあたりは常に課題なのですが、一口に韓国料理と言ってもジャンルが幅広くなって、ひとまとめに韓国料理と語れるような時代ではなく、トレンドの話題から、地方料理の話、伝統料理の話、マッコリのようなお酒の話、日本国内の韓国料理の話と、ずいぶん話題が増えて、専門家が何十人いてもおかしくないくらい大きなコンテンツになりました。見えにくい部分はあっても、自分なりの仕事はできるようにしたいと思っています。

――韓国料理がここまで細分化されて多くの人に深掘りされるジャンルになると思っていましたか？

八田　想像はつかなかったですよね。それがたぶん、二〇年の重みなんじゃないでしょうか。

食だけじゃなく、Ｋ－ＰＯＰも多様化しましたし。

まつもと　今聞いていて、「韓国料理」を「韓国音楽」と言葉を変えるだけで全部Ｋ－ＰＯＰの話になるなと思いました（笑）。若い人によって細分化されていった流れも、二〇年の重みも。

同じ素材を「ビビンバ」式に料理

――まつもとさんは九〇年代のワールドミュージックブームをきっかけに、韓国の音楽に出会ったと、第一章でお話しいただきました。

まつもと　たまたまそのとき福岡で働いていたので、会社の打ち上げで、釜山に一万九八〇〇円、メシ付き宿付きで行ったんです。

桑畑　今考えたらめちゃくちゃ安いですね。羨ましい！

まつもと　それが初めての韓国体験でした。音楽が好きだったから現地のＣＤショップに寄って「一番ヒットしてるのください」って言ったら、店員がマイケル・ジャクソンを出してきた。

一同　（爆笑）

桑畑　それは何年のことですか？

まつもと　一九九四年ですね。それで「いや、違うんだ」と言ったら、店員がごめんなさいと言って出てきたのはマドンナ（笑）。「国内のがほしい」って言ったら、恥ずかしそうに出してきたのが、韓国ロック界のリビングレジェンドと呼ばれる男性シンガーのキム・ジョンソだったんですよ。それを買ったのが韓国音楽との最初の出会いですね。そこから数年が経って、僕は中華関係の音楽が好きだったからケーブルテレビを見てたら、三週間遅れで韓国の音楽番組『SBS人気歌謡』をやっていて。全然スタイルやファッションが違うとか、なんでこんなに全部ディスコ音楽みたいなんだろうとか、隣の国なのに何にも知らないんだとすごい衝撃を受けたんです。SFで同じ惑星が二つあるパラレルワールドのような話がよくあるじゃないですか。そんな気分になったのがきっかけで聴き出したという感じですかね。

一九九九年に、当時「セクシー歌手」と呼ばれて人気のあったオム・ジョンファという歌手がどれだけセクシーなのか見に行こうと思って、彼女の公演を観に、また釜山へ行ったんです。会場まで車で送ってくれた旅行会社の人が、「普通は韓国の歌手のために日本人は来ない。女を買うか銃を撃つかだ」って言われて。当時の韓国旅行はそんな人が目立っていたんでしょうね。コンサートが始まったらちょうどオム・ジョンファの誕生日の公演だったので、ファンがケーキを持って舞台に近づいてきて、彼女もコンサートを中断して「ありがとう」って応えていたんです。それを見て、「やっぱり日本と全然違う」と、またカルチャーショックを受けて。そこからハマったんですよね。一年後にはソウルにも行ったんですが、ロッテホテルで空港バスを待ってるときに、日本人の買春ツアーに遭遇してしまった。「韓国の文化って、日本の人にとっては興味の対象外なのか。ならば僕がちゃんと紹介したい」と思ったのが、音楽ライターになった真面目な動機でしたね。当時日本でアジアの芸能を紹介するのは『POP ASIA』という雑誌しかなくて、そこの編集部に飛び込んで書かせてくれ、って言ったのが二〇〇〇年の話です。お金をもらって音楽関連の原稿を書いたのはそれが初めてです。

――最初に聴いて衝撃を受けた曲は？

まつもと Roo'Ra（ルーラ）の『3！4！』（一九九六年）。男女混成でディスコっぽいアレンジなんですけど、メロディーは歌謡曲。軽薄そうに見えて音作りに対しては真摯なんですよね。日本にありそうでなかった。

――人気絶頂にあった四人が「お祭り忍者騒動」*で大バッシングを受けた後、再起を図った曲でしたね。そういう背景を知ると泣けてくる曲です。

まつもと この曲を歌ったRoo'Raは、その直前に出した曲が、忍者の『お祭り忍者』に酷似していたことが大問題になって、メンバーが自殺未遂をしたんですね。それで再起をかけてリリースしたのが、めちゃめちゃ明るく弾けた曲『3！4！』。ワンツーが抜けてスリーフォーから始まるのもショックだったんですけど（笑）、悲しい過去がなかったかのように明るく力いっぱい踊っていたのも印象的だった。かっこいい曲とも違っていて、当時の僕から見ても垢抜けてないんですよ。それでも感動する何かが間違いなくありました。日本では九〇年代後半、MISIAとかUAとか、R&B風の曲が流行っていて、それが最先端だって言われてたんですけど、日本の音楽業界人は「そういうのは韓国では、やってないだろう」みたいな視点だったので、当時の韓国音楽を無視していたような気がします。いやいや比較するものではない、オンリーワンだ、と僕は思っていたんですけど。とにかくお金儲けとかじゃなくて、韓国の音楽の魅力を紹介したいっていう純粋な動機で動いていたので、まさか仕事になるとは思っていなかった。ただ、どこかに記事を出したいっていう欲はあるわけです。そうすると、雑誌で書くしかない。

桑畑　まだネットの媒体が一般的ではなかった時代でしたもんね。

まつもと　僕の世代だとまだ、印刷物に名前が出るとすごく嬉しかったんですね。そこから

＊一九九五年に発表した三枚目のアルバムの表題曲『天上有愛』が、日本の歌謡曲『お祭り忍者』のメロディーに酷似しているとして大きな問題になった。チャートアクションは好調だったが音楽番組への出演はほぼなくなり、メンバーが自殺未遂をした。

徐々に仕事がポツポツと来て、二〜三年後に八田さんと会う。

八田　二〇〇三年ですね。『あの人の国、「韓国」を知りたい。』（15ページ）につながります。

――なぜ韓国コンテンツに惹かれるのか、という問いに答えるとしたら？

まつもと　日本も韓国も欧米も、素材は同じなんですよ。つまり大衆音楽でいうと、代表的なのはギター、ベース、ドラム。でも韓国の人が組み合わせると確かに韓国の音になってるんですよね。ビビンバと同じで、混ぜ合わせ加減とか調味料とか具材がいろいろあって、韓国ならではの方程式というか、勘所で混ぜてるんです。それによって他の国にない味わいになっているのだと気づいたら、もう面白くて仕方なかったんですよね。

『「縮み」志向の日本人』（一九八二年）を書いた李御寧（イオリョン）さんにインタビューしたときも、やっぱりそのような話をしていました。食材は西洋とか日本とかと同じものなんだけど、コチュジャンが儒教精神のようなものであり、これを入れてぐっちゃぐちゃに混ぜることで韓国文化になるんだ、と。音楽もそういうことなのかなと思ったんですよね。ここから僕はスタートして、その思いは二十数年経ってもいまだに変わっていないです。素材は同じなんだけど、韓国人がそれを調理すれば韓国料理になり、K－POPになるんだ、っていう面白さをずっと探ってる感じです。

そもそもK－POPとは？

――そもそも、K－POPとは？　定義はあるのでしょうか。

まつもと　K－POPとは韓国の大衆音楽のことで、当然いろんなジャンルが入っているので、音の特性や傾向はこれだと断定できるものはありません。だけど、昔から変わっていないと思うのは制作に対する姿勢です。サウンドやビジュアル、パフォーマンス、すべての面で「これはいける」と思ったらすぐにやってしまうところ。迷いがないんですよ。そういうのダサくない？　と考える前にとりあえず取り入れる。「ビビンバみたいに混ぜちゃえばおいしくなるんじゃないの？」と思うのか、気楽な感じでどんな音でも入れるんですよ。受ければ何でもいい。日本では上司や関係者にお伺いを立てたりして考える時間ができてしまうけど、韓国はバッと作っちゃうから、それが今の成功や急速な成長につながっているような気がします。失敗作も多いけど、成功作もどんどん出てくる。

最近のNewJeansの音はすごいなと思ってるんですよ。世界ではレトロな音や日本発の「かわいい」的なイメージが受けている、でも他と同じじゃダメだと少し角度を変えてレアなところを引っ張ってきていて、それが世界的なヒットにつながっていく。長年の試行錯誤によって育まれたセンスの良さですよね。当然、売れますよ。

――『BTSを読む　なぜ世界を夢中にさせるのか』（桑畑優香訳、二〇二〇年）の著書がある音楽評論家のキム・ヨンデさんに、「K－POPのKとは何ですか？」と聞いたことがあるんです。そうしたら、韓国にずっとあった在韓米軍のR&B的なものに、旧ジャニーズなど、日本のマネジメントシステムがミックスされて、最近はイギリスやアメリカを含めて作曲を世界的に水平分担するようになって、「K」に「韓国独自の」という意味はほぼなくなってくるんじゃないかと言っていました。

桑畑　私が思うのは、K－POPは「見る音楽」かなと。特にテレビやYouTubeなどを意識して、いかに見せるかというのに集中している。ダンスもミュージックビデオもそう。BTSはカメラマンの撮り方も含めてチームなんです。ピッと腹筋を見せたりするカメラワーク、それを見て歓声をあげる瞬間のオーディエンスの撮り方まで計算していると韓国のテレビ関係者が語っていました。確かに勝負どころの映像を見ると、ただ寄って引いてというのではなく、パッとお腹を出す瞬間から人のリアクションを撮るところまで計算しつくされている。一ファン、視聴者として見ると、心をわしづかみにされるんです。

――ABBAやロクセット、カーディガンズに代表される「スウェディッシュポップ」は、世界的に人気があったものの、スウェーデン特有の文化的背景に根ざした音楽ではない。K－POPも似たような傾向がありますね。

まつもと　七〇年代だったかな、日本人がアメリカのロックのスタイルをまねて海外進出を試みたことがたびたびありましたが、いずれも芽が出なかった。そのときに海外の某プロデューサーが「そんなことを無理にしなくてもいい。日本人が作りたい曲を作ればいい」とアドバイスしたそうです。それがどういう意味なのか、J-POPでは長らく納得のいく答えは出なかったのだけれど、K-POPはわりと早くからそういう視点で制作を続けてきた結果、ワールドワイドな成功を手に入れた。今ではもっと進化して、韓国人が積極的に関わらなくてもK-POP的なものになるというワンランク上の状況になってきている。試行錯誤のたまものですね。

桑畑　JO1とか、INIとかNiziUとか。

まつもと　彼ら彼女らの立ち居振る舞いや空気感は間違いなくK-POPですね。

桑畑　あれはH.O.T.（エイチオーティー）*から始まってるK-POPのDNAを受け継いでる。

八田　そういうアーティストって、日本以外にもいますか。

まつもと　います。この間タイのボーイズグループを取材したんですけど、「曲がK-PO

---

*SMエンタテインメントが輩出した最初の男性五人組アイドル。グループ名は「High-five Of Teenagers」の略。一九九六年デビュー、二〇〇一年解散。

Pっぽいですね」と言ったら、タイの最近のボーイズグループはだいたいK‐POP風だそう。サウンドもメイクもかなり似ているそうです。

八田　全員が外国人メンバーのK‐POPアーティストが今後出てくる可能性もありますか？

まつもと　実はもう出ています。BLACKSWANやHORI7ON（ホライズン）といったグループには韓国人が一人もいない。韓国語で歌っているだけで、もはやK‐POPって韓国人がいる／いないは関係なくなっている。SMエンタテインメント創業者のイ・スマンがかつて言っていた、非コリアンを「K‐POPの美意識」で育成しデビューさせる「K‐POPの進化の第三ステージ」に、すでにこの段階に入ったと言っていいでしょう。

八田　なるほど！　美意識って、いい言葉ですね。

まつもと　人種は違っても、韓国風メイクと、「カルグンム」と言われる一糸乱れぬダンスと、カメラを向けた時のキメ顔といった美意識を取り込めばK‐POPになっちゃうんです。それさえあれば人種を問わないくらいのレベルにまできている。

Kコンテンツの世界化と私たち

――韓国コンテンツが世界に広がっていく理由も「美意識」のあたりにありそうですね。

まつもと　ケーキの型みたいに、韓国人はＫ－ＰＯＰの型を作っちゃったんですよね。それはどこの国の人に渡しても、この型で作ったらＫ－ＰＯＰになるという、そういう時代にした。その型を完成させたから、これからはもう自分たちで作らなくても外国の人にそれで作ってもらえばＫ－ＰＯＰができあがる時代になった。

八田　それを海外でまた、魔改造する人たちが出てきて。

まつもと　そうそう、その型を使いすぎてちょっと崩れて、そのまま使っていたら変なのができちゃったっていう（笑）。まあ、それも面白い流れになるとは思います。あと、Ｋ－ＰＯＰは昔からアメリカを意識してきたジャンル。よく言われているように、国土が小さいぶん外に出なきゃいけない、儲けなきゃいけないっていうので、その最終目標となるのがアメリカでの成功だった。その過程においてヒップホップが根付き、それがＫ－ＰＯＰの形の一つになり、世界に広がりやすい要因にもなった。

――日本の音楽の作り方って、アメリカを目指しているというより国内の需要を満たしているように感じられますね。音楽以外も国内需要で何とか食っていける日本と、食っていけないという危機感に満ち溢れた韓国の違いはやっぱり大きい。

まつもと　アメリカに行くたびに現地のトレンドを取り入れて、同時に商売の進め方も学び、さらにレコード会社のシステムとかコネクションとかをどんどん作っていった。いろいろとトライ&エラーをした結果、BTSの成功があるんですよね。

――映像もアメリカを向いている?

桑畑　そうですね、ネットフリックスに進出したのも早かったですし。二〇一八年の『ミスター・サンシャイン』のあたりから本気出してきたな、っていう感じはありました。あとポン・ジュノ監督がいち早く『オクジャ』で英語の映画を作って、それがネットフリックスで配信されて、「こんな大御所(監督)がなぜ(配信に)?」と話題になったわけです。その時は日本人は気づかなかったですよね。動画配信ですか、スマホで見るんですか、といった反応だったけど、韓国はすでにその辺の時流を読んで、着手していたんでしょうね。だから『愛の不時着』が流行ったのも偶然のようで必然だったのではないかという気がしますね。韓国ではすでに配信していく体制ができていたけど、日本はたぶん、コロナ禍で気づいたのではないでしょうか。配信の可能性みたいなものに。

――これまではきちんと歴史と伝統を押さえた上で、そこから発生する韓国内の流れをウォッチしていればある程度、韓国の文化をカバーできたんだけど、今はもう韓国が世界中のいろんなものを取り入れて、世界中のあちこちで同時多発的に展開するようになりました。

八田　そうなると、今までは韓国のことだけ見てればよかったけど、今後は日本や世界のトレンドを把握しておかなければならない。仕事が増えた感覚ないですか?(笑)

まつもと　今後はよりこまめに追わないとなあとは思います。世界中のポップミュージックを可能な限り追わなきゃいけなくなってきた。そこはかなり大変になってきたな、って。

八田　本来僕らの仕事って、韓国コンテンツの中でも音楽であれ、映画やドラマであれ、食であれ、特定分野に特化したニッチな世界だったはずなのに、どのジャンルも細分化されて専門家が増えて、追いかける先が世界的になって、ずいぶん壮大なことになりましたね。

桑畑　映画とかドラマとかＫ－ＰＯＰもそうですけど、最先端を追おうとすると英語圏の情報を取りにいかなきゃいけない。英語の記事を読むとか、英語が共通言語となる取材現場に行かなければいけないことが増えてきて。それは確かに、コンテンツの世界化みたいなところを実感します。

八田　いろんな現場がもう、韓国の中になかったりしますよね。

桑畑　そうなんですよ。最先端がシンガポールとかだったりするんです。ディズニープラスとかネットフリックスもアジア太平洋地域の中心のひとつがシンガポールにあって、共通言語が英語だったりします。

八田　新大久保で流行る韓国スイーツも、チュロスとか、フィナンシェとか、一見するとまったく韓国に関係がないんですよ。

まつもと　チュロスって材料とか調理法とかは全然韓国っぽくないんだけど、それが流行っ

左から、新大久保のフィナンシェとチュロス（いずれも八田靖史提供）

ている背景とか色々ミックスされた結果、韓国的なチュロスとして日本に輸入されて、みんな喜んで食べている。ああいうのも増えてきそうですね。

八田　まつもとさんが言う「美意識」にのっとっていれば、チュロスであれフィナンシェであれ、それが本来は外国のお菓子であっても、韓国発のものとして韓国ファンから受け入れられる時代になったと。でも、それはチュロスをそれ単体として見るだけでなく、韓国的な美意識を共有していなきゃいけない。現状、韓国と縁遠い人たちには伝わらないけど、その共有がもっと広範になされれば、韓国から世界に打って出た産物としてわかりやすいし、今後そういう流れは加速しますよね。

まつもと　音楽に関しては加速する一途しかない。

八田　いろいろな国のスイーツなり、料理なりを韓国内に取り込んで、アレンジしたり、みんなで拡散したりして推進力のあるブームに育てるという過去の積み重ねがひとつの文脈になっているんですよね。若い人ほど、そうやって韓国から新しいトレンドがやってくるのに慣れているので、抵抗なく「韓国から来たもの」として受け入れているんだと思います。音楽でも映像でも食でも、世界のものを取り込んで韓国的な美意識のもとに再構築したものを、世界に再輸出していく流れはこのまま続くと思いますし、それはなにも韓国だけに限った話ではないので、これからはトレンドのボーダーレス化というか、「どこの国のもの」っていう概念がどんどん曖昧になっていくような気がします。

あとがき

「二〇〇三年に『冬のソナタ』が日本に上陸し、日韓関係は一気に近づいた」なんてことは将来、教科書には絶対書かれないと思うんですよ。（中略）表向きの記録としては残らないかもしれないけど、民間が作った人と人とのつながりを深めていくことが僕らの使命。

ラジオDJやイベントのMCとして、韓流ブーム以前からK‐POPの魅力を発信し続けてきた古家正亨さんが、書籍紹介サイト「好書好日」のインタビューで語った言葉です。『冬ソナ』ブームから二〇年の節目を機に、古家さんの『K‐POPバックステージパス』や丸山幸子さんの『韓流前夜』など、韓流ブーム初期から主に音楽やドラマ・映画などの分野で活動してきた人たちの回顧録が、相次いで出版されました。当事者としての貴重な証言とは別に、この本は過去二〇年のブームを主に「受け手」の側から見てきた人たちが、記憶を語り合う形で「韓流の通史」を紡いでみようと試みました。表向きの日韓政治・外交史には残らない、民間のつながりの歴史を記録する作業とも言えます。

この本で紹介した、時代とともに、世界で存在感を示してきた数々の作品やアーティスト、食べ物は、突然変異的に発生したのではなく、実はそれ以前から水面下で脈々と培われてきた流れの中で生まれたものでした。

韓国歌謡は韓流ブーム以前から、日本でも数多くのヒット曲を生み出しています。朝鮮半島が日本の植民地だった一九三〇年代に生まれた『木浦（モッポ）の涙』から、一九七〇年代の『離別』（パティ・キム）や『カスマプゲ』（李成愛（イソンエ））、一九八〇年代の『釜山港へ帰れ』（チョー・ヨンピル）など、多くがムード歌謡や「トロット」と呼ばれる、日本の演歌と似たジャンルの曲でした。

日本と韓国の経済格差がまだまだ大きく、第一章で触れたような「キーセン観光」もあった時代、韓国から来た歌手たちも、過去の「支配と被支配」の関係から自由ではありませんでした。日本の植民地支配の結果として日本に存在してきた在日韓国・朝鮮人が、生業（なりわい）として営んでいた焼肉などの料理も同様でした。

『冬ソナ』がそれまでのブームと大きく違ったのは、ドラマで描かれた世界や、ペ・ヨンジユン、チェ・ジウといった出演俳優が、日本であこがれの対象として浮上したことです。映画『シバジ』（一九八六年）や『風の丘を越えて 西便制（ソピョンジェ）』（一九九三年）などで世界的な名声を得た林權澤（イムグォンテク）監督の全盛期にはなかった現象でした。双方の文化を見つめる視線がようやく対等になった転機だったと言えるでしょう。

韓国で日本の大衆文化がどのように受け入れられてきたかについても、この本では敢えてページ数を割いて言及しました。日本における韓流の源流を探るために、重要な要素だと考えたからです。

韓国で日本の大衆文化の開放が始まった一九九八年以前も、日本の音楽や映像作品は水面下で流通していて、先進的な文化として愛好する人々が一定数いました。『冬のソナタ』を制作したユン・ソクホ監督は、学生時代に見た日本のテレビドラマ『北の国から』に強い感銘を受けたことをインタビューで回想しています。Z世代に人気のNewJeansをプロデュースしたミン・ヒジン氏は、欧米の音楽とともにSPEEDなどＪ－ＰＯＰの人気が高かった一九九〇年代に一〇代後半から二〇代前半の多感な時期を過ごしています。『マジンガーZ』から『SLAM DUNK』、宮崎駿監督作品などのアニメや、村上春樹、東野圭吾といった日本文学は世代を問わず韓国で広く受け入れられており、日本文化を意識的、無意識的に吸収してきた下地があったことが、韓国のコンテンツが日本で受け入れられた背景の一つだったと言えると思います。

時代は流れ、『パラサイト』のポン・ジュノ監督が是枝裕和監督や黒沢清監督ら、日本の映画監督との交友や作品への敬意を語り、是枝監督はコロナ禍のさなかに配信で見た韓国ドラマ『マイ・ディア・ミスター』（二〇一八年）に魅せられて主演のIUを『ベイビー・ブローカー』（二〇二二年）に起用する時代になりました。日本の芸能界のマネジメントの手法を取り入れて韓国で発展したK-POPは日本に逆流して刺激を与え、今度は韓国でもJ-POPブームが始まっています。

食の分野でも、味の好みが似ているという共通の土台の上に、観光客らが相互に行き来して美味しいものを食べ、その体験をSNSなどで発信したり、持ち帰ったりしたことが、日本の韓国料理人気や韓国の日本料理人気につながりました。現在は双方でさらに独自の進化を遂げながら、流入と拡散を繰り返しています。

日本と韓国の大衆文化は、文字どおり一衣帯水となって影響し合ってきたのです。

◇

『冬ソナ』から二〇年の道のりは決して平坦ではなく、文化交流は政治や外交関係の荒波をもろにかぶって足踏みし、また出直すことを繰り返してきました。最近では新型コロナの影響で観光客の往来が二年以上にわたり中断していましたが、徐々にかつての水準に戻ってきています。

日本における韓流コンテンツの拡大は、両国の民間の人々が行き来しながら互いの魅力を知り、それぞれの国で伝え続けてきた成果でもあります。互いに行き来して新たな魅力を発見しながら、一人一人の顔が見える人間関係を築いていけば、政治や外交のトップにいる人たちが対立や葛藤を深めても、有名無名の民間人の手で押し戻すことができるのではないか。そんな「民間の安全保障」の役割を、文化は果たせるのか。私たちは期せずして、壮大な実証実験の中にいるのかもしれません。

大きなことを言ってしまいましたが、食べたいものを食べ、好きなものを胸を張って「好き」と言えることの意味は、単なる個人の趣味を超えて大きい。政治や外交関係に揺さぶられてきたこの二〇年と現在地を見るにつけ、しみじみ実感します。

最後になりましたが、この本を企画、編集した加藤千絵さんと、「ハヤカワ新書」編集長の一ノ瀬翔太さんにお礼申し上げます。

二〇二四年六月

吉野太一郎

著者集合写真。左より、桑畑優香、八田靖史、吉野太一郎、まつもとたくお。

著者略歴

桑畑優香（くわはた・ゆか）
ライター・翻訳家。「ニュースステーション」ディレクターを経てフリーに。ドラマ・映画のレビューやインタビューを中心に執筆。訳書に『BTS を読む なぜ世界を夢中にさせるのか』、『BTS と ARMY わたしたちは連帯する』など。

八田靖史（はった・やすし）
コリアン・フード・コラムニスト。慶尚北道、および慶尚北道栄州（ヨンジュ）市広報大使。ハングル能力検定協会理事。著書に『韓国行ったらこれ食べよう!』『あの名シーンを食べる！ 韓国ドラマ食堂』ほか多数。ウェブサイト「韓食生活」、YouTube「八田靖史の韓食動画」を運営。

まつもとたくお
音楽ライター。通称「K-POP 番長」。2012 年に K-POP 専門レーベル〈バンチョーレコード〉を立ち上げた。雑誌で連載するほか、ラジオ番組に出演中。著書は『K-POP はいつも壁をのりこえてきたし、名曲がわたしたちに力をくれた』ほか。

吉野太一郎（よしの・たいちろう）
朝日新聞「好書好日」副編集長。朝日新聞外報部、社会部記者などとして韓国や北朝鮮、日韓・日朝関係関連の報道に携わり、現在は同社のウェブサイト「好書好日」副編集長。2022 年に韓国・慶南大学校極東問題研究所フェロー。ポッドキャスト「ニュースで韓国語」を運営。

ハヤカワ新書 029

韓流ブーム

二〇二四年六月二十日 初版印刷
二〇二四年六月二十五日 初版発行

著者 桑畑優香、八田靖史
まつもとたくお、吉野太一郎

発行者 早川 浩
印刷所 中央精版印刷株式会社
製本所 中央精版印刷株式会社
発行所 株式会社 早川書房
東京都千代田区神田多町二ノ二
電話 〇三‐三二五二‐三一一一
振替 〇〇一六〇‐三‐四七七九九
https://www.hayakawa-online.co.jp

ISBN978-4-15-340029-0 C0236

未知への扉をひらく

「ハヤカワ新書」創刊のことば

誰しも、多かれ少なかれ好奇心と疑心を持っている。

そして、その先に在る納得が行く答えを見つけようとするのも人間の常である。それには書物を繙いて確かめるのが堅実といえよう。インターネットが普及して久しいが、紙に印字された言葉の持つ深遠さは私たちの頭脳を活性して、かつ気持ちに余裕を持たせてくれる。

「ハヤカワ新書」は、切れ味鋭い執筆者が政治、経済、教育、医学、芸術、歴史をはじめとする各分野の森羅万象を的確に捉え、生きた知識をより豊かにする読み物である。

早川　浩

インドの食卓

——そこに「カレー」はない

笠井亮平

14億人を支えるインドの「食」を読み解く！

日本人にもおなじみの「カレー」は、イギリスが植民地時代のインドに押し付けた概念である。インド人は「ダール」「サンバル」「コルマ」と細分化して呼ぶのだ——南アジア研究者がインド料理のステレオタイプを解きほぐし、その豊穣な食文化世界を案内する。

ハヤカワ新書
016

テレビドラマは時代を映す

岡室美奈子

コロナ前後でドラマはどう変わった？
エンターテインメントの今後を見通す

マスクによるアイデンティティの喪失、日常の尊さの再発見、多様な生き方への賛歌。パンデミック前後の時代の空気を鋭敏に反映した傑作ドラマの数々の魅力を、テレビドラマ見巧者の前・早大演劇博物館館長が、70年にわたるテレビ史の流れも踏まえ熱く語る。

ハヤカワ新書
024